Crack: reflexões para abordar e enfrentar o problema

Andréa Costa Dias

Crack: reflexões para abordar e enfrentar o problema

1ª edição

CIVILIZAÇÃO BRASILEIRA
Rio de Janeiro
2012

Copyright © Andréa Costa Dias, 2012

PROJETO GRÁFICO DE MIOLO
Evelyn Grumach e João de Souza Leite

CIP-BRASIL. CATALOGAÇÃO NA FONTE
SINDICATO NACIONAL DOS EDITORES DE LIVROS, RJ

Dias, Andréa Costa
D53c   Crack: reflexões para abordar e enfrentar o problema/ Andréa Costa Dias. – 1ª ed. – Rio de Janeiro: Civilização Brasileira, 2012.

Inclui bibliografia
ISBN 978-85-200-1080-8

1. Crack (Drogas) 2. Dependência (Psicologia). 3. Drogas – Abuso – Tratamento. I. Título.

12-6665

CDD: 616.8606
CDU: 613.83

EDITORA AFILIADA

Todos os direitos reservados. Proibida a reprodução, armazenamento ou transmissão de partes deste livro, através de quaisquer meios, sem prévia autorização por escrito.

Este livro foi revisado segundo o novo Acordo Ortográfico da Língua Portuguesa.

Direitos desta edição adquiridos pela
EDITORA CIVILIZAÇÃO BRASILEIRA
Um selo da
EDITORA JOSÉ OLYMPIO LTDA.
Rua Argentina, 171 – Rio de Janeiro, RJ – 20921-380
Tel.: 2585-2000

Seja um leitor preferencial Record.
Cadastre-se e receba informações sobre nossos lançamentos e nossas promoções.

Atendimento e venda direta ao leitor:
mdireto@record.com.br ou (21) 2585-2002.

Impresso no Brasil
2012

Sumário

Prólogo 7

CAPÍTULO 1 O advento do consumo 11
Os rituais e as substâncias psicoativas 11
A noção de indivíduo e as origens econômicas
do consumo na modernidade 13
A moral social e a função dos objetos de consumo 19
Modalidades atuais de consumo de drogas 24

CAPÍTULO 2 A droga crack 29
Delimitação do assunto de reflexão e debate: o crack ... 29
A retórica do crack: astúcias do discurso 30

CAPÍTULO 3 Informações e indicadores relevantes ... 41
Especificidades bioquímicas do crack 41
Insumos e compartilhamento: danos e minimização 43
A chegada do crack ao Brasil e os níveis de consumo ... 45
Epidemiologia do crack 47
Aspectos do perfil do usuário 49

CAPÍTULO 4 O contexto da droga, as condições
de marginalização e a atenção em saúde   53
 Violência e a droga crack   53
 Vigor e reflexos de uma política repressiva   58
 Pequenos delitos como um componente (possível)
 do consumo   66
 A repressão como forma de restituição da soberania
 do Estado   71
 A escolha por tratamento, as práticas de atenção
 e o crack   74

CAPÍTULO 5 Droga e exclusão   87
 Crack e descarte   87
 Cracolândias e abandono social   91

REFERÊNCIAS BIBLIOGRÁFICAS   95

Prólogo

O propósito deste livro é empreender uma aproximação com aqueles que, direta ou indiretamente, estejam interessados em compartilhar ideias e saberes a respeito do campo das drogas e, de forma mais específica, deter-se sobre as práticas de consumo de uma substância que ganhou grande visibilidade entre amplos setores da sociedade nos tempos atuais.

As vicissitudes do consumo de crack merecem uma cuidadosa apreciação crítica de suas condições de surgimento e recrudescimento no cenário contemporâneo. É premente problematizarmos os efeitos e as implicações concretas dos enunciados e discursos reiteradamente veiculados na mídia, no sentido de reconhecermos suas contribuições ao imaginário social e às medidas adotadas para o enfrentamento da questão.

Torna-se também relevante mapear a chegada dessa droga e sua progressiva penetração em distintas regiões do país, ainda que de forma incipiente, pois a realização de levantamentos voltados especificamente para o consumo de crack é uma iniciativa relativamente recente e que se encontra em expansão. Ainda assim, já é possível retratarmos alguns aspectos relacionados com o perfil do usuário.

A composição da substância, seus efeitos bioquímicos e os diversos expedientes de administração comparecem como fatores que podem contribuir para o incremento das condições de vulnerabilidade de quem a consome, requerendo a adoção de estratégias de minimização de riscos e danos.

É de fundamental importância colocar em questão a corrente histórico-política do proibicionismo às drogas, bem como as práticas repressivas e suas repercussões no cotidiano dos usuários de crack. As não menos relevantes e necessárias questões em saúde também necessitam ser pormenorizadas, interrogando-se os frágeis ideais de cura e as propostas de alta exigência que visam mais à droga do que ao próprio usuário, seus saberes, aprendizados e modos de vida. Por fim, uma breve reflexão acerca dos territórios urbanos que funcionam como verdadeiros espaços de escoamento do excedente humano, como é o caso das cracolândias, deixa em aberto a criação de novos "fazeres" para dar conta deste já tão desgastado problema.

Os assuntos propostos estão alinhados às prioridades da agenda política e social brasileira. As ponderações e análises encontram-se distantes de respostas definitivas, pois o objetivo é expandir o campo de

PRÓLOGO

visão de maneira a recuperar parte da multiplicidade de matizes que esta realidade comporta. Com isso, são colocadas em xeque versões que reivindicam para si o estatuto de única "evidência" a respeito de um tema ainda tão inexplorado.

Este livro é baseado em minha tese de doutoramento e em um longo percurso clínico-institucional de acolhida e atenção a usuários de drogas (inclui-se aqui o crack) e familiares de usuários. É o resultado de um prazeroso período de aprendizado, partilha de ideias e inquietações. Ao leitor resta o meu desejo de uma proveitosa incursão nesse campo que não cessa de nos mobilizar.

CAPÍTULO 1 O advento do consumo

Os rituais e as substâncias psicoativas

A utilização de substâncias com propriedades psicoativas é uma prática que marca presença em tempos remotos da história da humanidade. Tanto no Oriente quanto no Ocidente, inúmeras culturas desenvolveram formas de transcendência e manipulação da consciência (Moraes, 2005), apoiando-se, em muitos casos, no emprego de plantas consideradas sagradas:

> [...] desde os primórdios se praticou o consumo ritual de certas substâncias estranhas à necessidade da alimentação ou, mesmo, à realização do que, hoje, se poderia chamar de bem-estar subjetivo. Já nos tempos mais remotos, os homens dispunham de um saber a respeito das propriedades singulares

de numerosas plantas alucinógenas, saber que, nas sociedades arcaicas, sempre se fundamentava na experiência do homem, ligada ao discurso latente do mito (Santiago, 2001: 39).

Ervas e beberagens compareciam como elementos constitutivos de uma série de rituais, entendidos como fenômenos de crença com grande eficácia simbólica, e que cumpriam funções relevantes para a história e identidade de um grupo ou comunidade. Plásticos e polissêmicos, tais fenômenos figuravam como modos de comunicação e transmissão de conhecimento, auxiliando também na resolução de conflitos e diminuição de rivalidades (Velho, 1997).

Nos rituais, segundo propósitos específicos, buscava-se atingir estados alterados de consciência mediante associação ou não com o uso de substâncias. Quando plantas alucinógenas eram utilizadas, procurava-se deflagrar estados de transe, os quais se caracterizavam pela alteração da percepção corrente do mundo e descontinuidade com a realidade do dia a dia.

O diálogo com outras camadas e planos do real, em que se experimentavam papéis e lugares distintos daqueles desempenhados no cotidiano da colheita, pesca e limpeza, compunha a bagagem histórica e cultural de muitas sociedades. A ocorrência desses eventos era criteriosamente delimitada e se dava conforme condições, regras e tradições específicas, e a administração da substância não se destacava de um quadro mais ampliado, ao qual estava referida e condicionada.

Nos dias de hoje, ainda podemos identificar uma infinidade de modalidades de uso de substâncias, circunscritas a ocasiões singulares e cerimônias especiais, conservando-se algo da eficácia ritual. No entanto, uma acentuada diferença em relação às formas de organização social mencionadas anteriormente reside no fato de que, naquelas, a dimensão "pessoal" do consumo e sua significação estavam submetidas ao domínio coletivo e inscritas na estrutura de linguagem mítica, sendo correlatas a ela. Essas modalidades de experiência ainda não nos autorizavam a falar e tratar da droga do modo como a concebemos e entendemos atualmente:

> Com efeito não se trata da droga propriamente dita; é, pois, necessário retificar-se a visão etnocêntrica da prática da droga nas sociedades míticas, conservando-se esta no lugar de um correlato contingente do sujeito xamanizante (Santiago, 2001: 48).

A noção de indivíduo e as origens econômicas do consumo na modernidade

O advento da modernidade acompanhou o robusto florescimento de uma categoria fundamental que abriu caminho para que, nos tempos atuais, se pudessem desenvolver relações "privativas" de consumo de drogas, distanciando-se da dimensão ritual e coletiva. A noção de indivíduo e a centralidade da experiência humana ganharam destaque na cena social, firmando-se como valores soberanos nesta nova ordem:

> A modernidade é autocentrada no indivíduo. A individualidade é a categoria fundamental que define o ideário da modernidade, sem a qual esta é impensável. Vale dizer, o projeto da modernidade é antropológico e antropocêntrico, justamente porque o homem na qualidade de indivíduo foi alçado à condição primordial de medida de todas as coisas (Birman, 2006: 39).

O domínio do corpo, sua posse e usufruto também se subordinaram à vontade e ao controle de cada indivíduo. Neste sentido, o manejo de impulsos, afetos e sensações tornaram-se prerrogativas particulares:

> [...] sociedade de indivíduos é o resultado desse processo, iniciado no fim do século XIV e que se completa nas cortes do século XVIII, ao termo do qual cada homem se considera isolado de todos os outros e responsável pelo controle soberano de seu corpo, seus impulsos, desejos e afetos (Kehl, 2002: 61).

Contudo, foi graças à economia capitalista que o estatuto da droga sofreu o impacto de outra racionalidade, expressa pela lógica de mercado, permitindo sua distribuição e disponibilidade como produto de compra:

> Aquele consumo que era mais localizado em certos grupos culturais, em certas minorias, em certas faixas da sociedade, passa a ser ditado não mais pela lógica dessas tradições ou pela lógica desses grupos, mas pela lógica do mercado, do capital (Velho, 1994: 67).

Para tratarmos deste novo panorama da droga como objeto de oferta e procura é antes necessário nos determos nas condições essenciais que tornaram possível o advento do *consumo* e sua derivação mais frenética, o *consumismo*.

Freire Costa (2004) serve-se de uma importante autora, a filósofa Hannah Arendt (*apud A condição humana*, 2000), para destrinchar dois fatores historicamente relacionados com o nascimento do que ele veio a chamar de "comprismo".

O incremento da produtividade industrial gerou mudanças permanentes no caráter e no sentido da atividade do trabalho, cuja natureza artesanal extinguiu-se. A transformação da matéria bruta em objetos duráveis que conservassem o empenho e o fazer humanos, e cujo valor residisse em seu caráter utilitário, foi subsumida pela engrenagem produtiva que passou a orientar-se por uma imperiosa necessidade do rápido escoamento de infindáveis estoques.

Na produção, coube ao trabalhador vislumbrar-se como parte de uma maquinaria a multiplicar coisas, necessárias ou não, destinadas ao ato da venda. Com a transfiguração do trabalho em labor, o compasso veloz veio ditar o tempo de usufruto e de substituição dos produtos, estreitando sua vida útil:

> [...] o *homo faber*, isto é, o fabricante de artefatos duráveis, passou a se perceber como *animal laborans*, isto é, um produtor de objetos feitos para serem rapidamente descartados, à semelhança do que ocorre nos ciclos da reprodução biológica (Freire Costa, 2004: 133).

A transformação do processo de trabalho trouxe uma inovação cultural, na qual o princípio da utilidade passou de valor fundamental a secundário, uma vez que a produção e a compra dos objetos se subordinaram primordialmente à ideia de felicidade, direcionando o consumidor ao usufruto do "prazer que podia extrair da vida" (*Ibidem*, 2004).

Para ampliar este debate, no entanto, faz-se necessário problematizar certos equívocos que lograram sustentar a questão do "comprismo". Embora o modo de produção em larga escala, e portanto o fator econômico, tenha fornecido as condições para o estabelecimento do consumo, o mesmo, "por si", não explica ou justifica esse hábito. Ou seja, não basta haver alta produtividade, e objetos disponíveis em excesso, para que se estabeleça a motivação para consumir. Daí a necessidade de uma rede social, simbólica e emocional que forneça sentido e pertinência a tal prática.

Outro ponto merece ser mais bem redefinido: o de que a insatisfação seria o mote ou a resultante do consumismo ("consumistas porque insatisfeitos", "insatisfeitos porque consumistas"), de forma que "comprismo" e insatisfação estariam fatal e inequivocamente entrelaçados.

Freire Costa (2004) situa o consumismo como uma ação que se orienta pela busca de novas fontes de prazer, e neste caso, há uma satisfação não só intencionada como perfeitamente passível de se realizar, sem ressalvas. Além disso, a compra de objetos não presume fatalmente a condenação de seu consumidor a uma vida emocional embotada, deturpada, pois supostamente baseada na aquisição de produtos de caráter supérfluo, portadores da marca da alienação:

> Na verdade, creio que os teóricos, ao dizerem que os indivíduos são cronicamente insatisfeitos, porque são consumistas, não estão constatando um fato mas emitindo um julgamento moral; isto é, a satisfação psicológica obtida com a compra de objetos é interpretada como insatisfação, porque seria um tipo de realização emocional espúrio (*Ibidem*: 158).

Segundo o autor, não há o que justifique tratar como enganosa a aspiração e tampouco a finalidade do ato da compra:

> Nada nos leva a supor que os indivíduos vivem em uma espécie de transe consumista, induzido pela força da publicidade, como querem alguns (*Ibidem*: 156).

Desse modo, para Freire Costa, o consumo não figura de forma indubitável como a antítese da satisfação ou de um modo de vida mais expandido, podendo perfeitamente alinhar-se com o desenvolvimento das emoções e o interesse ético pelo outro:

> A grande tradição artística ou moral das elites ocidentais provavelmente não teria tido o alcance que teve sem a compra de objetos industriais destinados ao cultivo dos espíritos em matéria de política, música, filosofia, religião, literatura etc. Além destes, inúmeros outros objetivos extrapessoais apoiaram-se na compra de objetos para se realizar (*Ibidem*: 160).

Tendo sido deslocado o foco do "fantasma" do consumo como algoz dos nossos tempos, Freire Costa coloca-se a problematizar as repercussões oriundas das mudanças de "nossas crenças éticas", ao longo do século XX e início do XXI, na função e apropriação emocional dos produtos. Partindo da premissa de que o sentido cunhado aos objetos subordina-se à interação do indivíduo com o mundo, importa reconhecer a moral e os ideais sociais vigentes para entendermos o modo como se dá a relação com o consumo e os objetos (incluindo a droga). Relacionar-se com este ou aquele produto, em qualidade, frequência, grau de envolvimento (investimento) ou intensidade determinada, perfaz um modo de resposta a certos ideais de felicidade. Qual seria então a moral dos tempos que vivemos? E, em face desta, a que função, portanto, os objetos tenderiam a se prestar?

A moral social e a função dos objetos de consumo

Uma das mudanças operadas na atualidade reside nas exigências e determinações do mercado de trabalho, fruto das inovações tecnológicas e da era dos grandes conglomerados. Com a escassez de vagas e oportunidades, e a competição econômica, a figura do trabalhador precisou adaptar-se a um cenário em que o ambiente e o próprio trabalho não acenam mais como lugares promissores, no sentido da possibilidade de longa permanência e constituição de um lugar de pertença e segurança.

O profissional considerado "qualificado" passa a ter de exibir indispensáveis competências interpessoais ditadas por certo desapego e superficialidade no contato. Necessita manter o jogo de cintura e ser habilmente maleável, estando disposto a topar novos desafios, repaginar-se, reciclar, agregar novas tendências e tecnologias. Tornar-se constantemente "um sujeito antenado".

A imagem que bem resume esta nova identidade é a do "turista", sempre aberto ao indeterminado, às novas aquisições, vivências e perspectivas futuras. Não se prende a conservadorismos ou identidades passadas. Herda a grande arte de não acumular e, num movimento contrário, precisa saber descartar e esquecer rapidamente.

Para se coadunar com este modo de estar no mundo, o próprio perfil dos objetos se modificou:

> Nesta forma de subjetivação — que Bauman chamou de "identidade de palimpsesto" —, os objetos não devem mais remeter o sujeito à sua história pregressa [...] O útil, o apreciável, é o que não deixa rastros. O objeto deve agregar valor social — e não sentimental — a seu portador, ou seja, deve ser um crachá, um *passaporte* que identifique o turista vencedor em qualquer lugar, situação ou momento de vida (Freire Costa, 2004: 165).

Os objetos devem sempre remeter ao atual, ou melhor, ao de última geração. Necessitam ser utilizados sem muito apego, pois logo serão prontamente substituídos por outro, mais avançado. A direção aponta para o que há por vir, para o movimento contínuo, a fluidez e rapidez, pessoas e coisas entrando e saindo sem "esquentar lugar".

Como não articular a oferta pungente de novas drogas, "turbinadas" por técnicas de laboratório avançadas (*design drugs*), o imediatismo e a brevidade de seus efeitos, e as frequentes substituições por outras mais potentes e inéditas, ao contexto desta lógica?

O segundo acontecimento sociocultural a mediar a relação com os objetos de consumo diz respeito à apresentação do corpo e seu papel na formação das identidades individuais, corroborado pelo crescimento do papel da mídia.

Sob a tutela da moral do espetáculo — termo cunhado por Debord, 1997 —, o culto ao corpo ganha força. O universo do particular assume contornos de plausibilidade e cobiça coletiva: todos querem "imitar o estilo de vida dos ricos, poderosos e famosos" (Freire Costa, 2004). Como as oportunidades de ascender socialmente são bastante limitadas, o corpo, ou melhor, a imagem do corpo acena, na fantasia, como trampolim de acesso ao território de poucos, signo de prestígio e distinção social; enfim, uma maneira de "estar aí" (Turcke, 2010).

O corpo-performance, moldado para ser olhado e invejado, conquistou o privilégio e a atenção do indivíduo em detrimento da vida sentimental. A ideia de bem-estar equiparou-se à de bem-estar sensorial, ou seja, ao cultivo das sensações. Cuidar de si tornou-se o mesmo que cuidar do corpo. Nesse cenário, também o sentido dos objetos sofreu alteração, atrelando-se ao tipo de prazer e de felicidade perseguido.

Na felicidade sensorial, o prazer está condicionado à presença física e constante do objeto de estímulo. A satisfação não acontece na ausência dele, ou seja, o registro das experiências vividas não é capaz de "ativar" ou reproduzir o prazer desejado, não há rememoração, tampouco evocação discursiva que dê conta de recuperar ou estender tal prazer além do encontro real:

> A lembrança das experiências sensíveis não se deixa metaforizar como as imagens e narrativas sentimentais. Fora do instante de gozo, a sensação é emocionalmente obsoleta. Sua evocação raramente proporciona o nível de prazer que a evocação dos sentimentos pode proporcionar. Por essa razão, a felicidade sensorial necessita avidamente de objetos que estejam à mão e que possam ser rapidamente instrumentalizados (Freire Costa, 2004: 168).

O objeto adequado é o que está mais rapidamente ao dispor, causando sensação:

Na economia das sensações, o bom objeto é o que excita, *hic et nunc*, os sentidos, despertando o corpo para uma nova prontidão prazerosa: drogas psicoestimulantes, medicamentos, alimentos energéticos, tônicos, hormônios, próteses orgânicas ou mecânicas, instrumentos que transformam a força mecânica em força ou plasticidade musculares etc. (*Ibidem*: 168).

A terceira alteração no emprego e na apropriação dos objetos se relaciona com a mudança no estatuto da autoridade e suas fundações. A sabedoria calcada na tradição, na transmissão de valores e princípios, de geração para geração, deu lugar — na atualidade — à figura do transitório, à celebridade.

A cultura da celebridade põe em destaque um nome, que tem o poder de arrebanhar uma infinidade de seguidores até que, esquecido, logo é substituído por outro personagem.

Diferentemente da autoridade caracterizada pela junção de notoriedade e talento, no caso do célebre, sua visibilidade se apoia no potencial de *entreter*. Este último se caracteriza por ações repetitivas e estéreis que chegam a se tornar previsíveis. É o engodo travestido de "sucesso" e merecimento:

> A sociedade dos cidadãos transformada em abstratos índices de audiência vive em um impasse: ou a responsabilidade moral com degredo social ou a

inconsequência moral socialmente recompensada. É o bolso ou a decência (Freire Costa, 2004: 173).

A relação com os bens e objetos na moral do entretenimento é feita de cobiça e desdém. Desdém pelo reconhecimento do esvaziamento ético perpetrado por essa mesma moral e cobiça pelo produto-troféu que acena como coroamento dos fúteis (Freire Costa, 2004).

Parte do apelo provocado pela droga na cultura da celebridade se assenta nessa mesma lógica da busca repetitiva pelo entretenimento: drogar-se para experimentar um grande "barato", passar o tempo ou anestesiar o tédio. Não se pode deixar de considerar também o engodo produzido pela substância, cuja promessa de continuidade da satisfação não se sustenta. Há ainda o processo de esvaziamento subjetivo e social que se segue ao consumo intensificado da droga; um correlato do esvaziamento de sentido da vida na moral vigente.

Modalidades atuais de consumo de drogas

Embora ainda possamos testemunhar uma ampla gama de usos para as drogas —, lúdicos, sagrados, terapêuticos, laborativos —, relações de consumo de caráter frequente e intensificado têm se expandido e demandado cuidadosa atenção.

A despeito de essas práticas se processarem em nível individual e consoante interesses particulares —

condição de possibilidade conquistada e fomentada a partir da modernidade —, ainda assim não há como desconsiderarmos a implicação dos ideais coletivos atuais na constituição do fenômeno. Para tanto, teríamos de melhor definir o estatuto dessas relações de consumo, concebendo-as, em seu bojo, como sintomas sociais (ainda que atravessem o indivíduo, sejam apropriadas por ele e ganhem a partir daí endereçamento específico):

> Não basta que um grande número de indivíduos em uma comunidade seja atingido por algo para que isso se transforme em um sintoma social. É claro que pode haver certo percentual de fóbicos em uma dada população sem que, no entanto, isto faça da fobia um sintoma social. Mas pode-se falar de sintoma social a partir do momento em que a toxicomania* é de certo modo inscrita, mesmo que seja nas entrelinhas, de forma não explícita, não articulada como tal, no discurso que é o discurso dominante de uma sociedade em uma dada época. É somente neste sentido que podemos falar de sintoma social (Melman, 2000: 66).

De acordo com o autor, não seria o registro estritamente estatístico a justificar a pertinência de uma

---

*O autor, de tradição psicanalítica, se utiliza da terminologia de origem francesa para designar a relação de exclusividade com a droga, acarretando um empobrecimento subjetivo pronunciado.

questão como sintoma social, mas se é possível — ou não — encontrá-la "talhada" nas entrelinhas do discurso hegemônico.

Como sintoma social, as relações intensificadas de consumo não podem ser tomadas como fenômenos à parte, alheios à ordem vigente, pois advêm dos ideais sociais muitas das condições para seu fortalecimento enquanto acontecimento e modo de resposta a eles.

Por esta linha de análise seria ingênuo pensarmos — exclusivamente — na retirada cirúrgica das drogas do "corpo social", uma vez que ele próprio vem fornecer as bases para a necessidade imperiosa de seu emprego. Neste caso, um real enfrentamento da questão não pode acontecer sem que se problematize a moral dominante, que, como tal, é compartilhada por todos.

Não é difícil situar as relações de consumo de drogas como modalidades de resposta aos ideais de felicidade apresentados anteriormente. Pela administração da droga responde-se ao apelo por "novos baratos", por entretenimento, por excitação dos sentidos e aperfeiçoamento corporal, por intensificação de poderes e desempenhos individuais e muitos outros. A moral vigente teima em sugerir que o "êxtase químico é a estrada pavimentada da felicidade" (Freire Costa, 2004):

> O escândalo do uso de drogas não reside na ilegalidade do gesto, nos riscos de danos à saúde ou na cooperação financeira com as transições criminosas.

Tudo isto, obviamente, é deletério e destrutivo. O mais atordoante, contudo, é que nenhum destes argumentos consegue levar as pessoas a abandonarem seus hábitos. Adultos e adolescentes conhecem sobejamente os efeitos pessoais e sociais do consumo de drogas. Se não param de se drogar é porque dizem em alto e bom som o que relutamos em admitir: o comércio de drogas é sórdido, mas tudo vale a pena se o prazer não é pequeno. Por acaso, alguém tem uma razão melhor para viver? (*Ibidem*: 176).

Tratar as modalidades de consumo de drogas como "aberrações" ou comportamentos, em seu bojo, opostos à ordem hegemônica implica deixarmos escapar o que esses fenômenos nos revelam em relação às expectativas e ideais que sustentam as relações sociais. E que, portanto, em maior ou menor grau, deixam suas marcas no cotidiano e modos de vida de toda a coletividade.

CAPÍTULO 2 A droga crack

Delimitação do assunto de reflexão e debate: o crack

> Um aspecto crucial do impasse de toda abordagem analítica do fenômeno da droga consiste no enraizamento de uma noção da droga no saber absolutamente determinada pelo discurso da ciência. A droga, com a ciência, tornou-se um *tóxico*. Hoje, a compreensão de todo o fenômeno que a envolve exige a prévia identificação da natureza tóxica de seus componentes (Santiago, 2001: 18).

Partimos do pressuposto de que droga não é "um mal em si", comportando uma série de usos possíveis e estando invariavelmente condicionada à finalidade e significação a que está investida por quem a utiliza (Conte, 2003). Entendemos ainda que existe uma interação dinâmica no entrecruzamento da droga — tendo de se levar em conta elementos como efeito, dose, pureza, toxicidade, grau de tolerância, indivíduo e o contexto sociocultural em que ele participa.

Quanto ao crack,* assunto deste livro, trataremos mais detidamente de um tipo intensificado de relação com a substância — comportando aspectos subjetivos, familiares, orgânicos, farmacológicos, sociais, econômicos e culturais — que acaba por resultar numa transformação da "existência de modo radical, alterando as relações do indivíduo consigo, com os outros e com a vida" (Pacheco Filho, 1999).

Sobretudo em relação ao crack, parece-nos bastante oportuno acrescermos um ponto relevante. A necessidade de colocarmos em questão a retórica em torno da droga, que continuamente é produzida e reproduzida no corpo social, lançando adesivas teias no imaginário coletivo e pautando o direcionamento das ações.

A retórica do crack: astúcias do discurso

No campo analítico, qualquer estudo do problema do uso da droga deve começar pelo fato de que planta, raiz, até mesmo tal substância produzida pela análise

---

*Poderíamos nos deter um pouco sobre o emprego da expressão "o crack", interrogando-nos se não se trataria de uma abstração, uma vez que não há como considerarmos uma droga em estado bruto, "por si só", dotada de existência absoluta, independentemente de sua rede de relações e sentidos.

ou pela síntese química são, enquanto tais, passíveis do empreendimento da linguagem e, consequentemente, suscetíveis de diferentes modalidades de efeitos de sentido, no plano do saber (Santiago, 2001: 20).

Ao longo dos anos construiu-se uma retórica vigorosa e resistente sobre o "crack". Retórica entendida não como simples expressão da fala, mas prática de discurso, a produzir efeitos concretos — posicionamentos e atitudes — de acordo com determinados modos de enunciação. Para Santiago (2001), "não há noção de droga que não seja relativa ao contexto discursivo no qual ela se enuncia".

Em dois ensaios reunidos, Susan Sontag (2007) empreende uma análise crítica de certas condições clínicas que, para além da etiologia biológica e sintomatologia orgânica, foram apropriadas e investidas do que ela mesma descreve como "ornamentos da metáfora". A autora procura desvelar e fazer erodir os significados morais e políticos atribuídos a duas doenças centrais: o câncer e a AIDS.

Embora o presente trabalho não se ocupe das condições clínicas citadas, a crítica é profícua e adequada a que se interroguem os discursos e sentidos que se produziram em torno do consumo/usuário de crack, designando o lugar por excelência a partir do qual a questão deve ser vista, pensada e falada. A pertinência de interlocução com as ideias de Sontag encontra apoio nas aderentes metáforas que proliferam a respeito dessa substância — "chaga", "droga que mata", "horror", "flagelo", "calamidade" — entre amplos setores da sociedade. Não está em jogo, aqui, tomarmos ou não as relações de uso de crack como doença. O diálogo que pretendemos propor é com a necessidade de desvendar os sentidos morais que vêm sendo construídos para a droga e suas implicações éticas.

Sontag (2007) nos convida a refletir sobre o teor de evocações que estabelecem reiteradas associações entre certas condições clínicas e potenciais riscos de mortalidade.* Apresentar tais condições como "predadoras invencíveis e malignas" ou verdadeiras sentenças de morte — inclui-se aqui a campanha "crack mata" — representa iniciativa que se encontra muito além de uma bem-intencionada questão de zelo. O direcionamento da problemática a partir dessa tonalidade de discurso traz sérias implicações práticas, na medida em que fornece autorização (ou a justificativa) para a adoção de medidas contundentes e pouco criteriosas — quase indiscerníveis do controle e da tutela — que surgem transfiguradas sob uma suposta roupagem protetora ("proteger da droga"). As propostas de internação

---

*"A existência do elemento tóxico nos venenos naturais ou artificiais, frequentemente mortais, não é suficiente para definir a droga" (Santiago, 2001: 20). Para o autor, a assimilação unilateral da droga a um fator tóxico supõe uma equivocada redução e restrição de seu campo de sentido. Por outro lado, a apropriação desse fragmento da realidade resulta na imposição de um absoluto quando da pretensão científica de definição da droga.

compulsória "em série" ganham força a partir dessa vertente discursiva, e tendem a encontrar apoio no medo que advém do estabelecimento desse tipo de associação.

O desinvestimento na oferta de cuidados, assim como o descrédito no usuário ("não tem jeito mesmo", "não há mais nada a fazer"), também figuram como efeitos possíveis do discurso apontado, interferindo na condução do trabalho por parte das equipes de atenção.

Fantauzzi e Aarão (2010) ressaltam o que denominam como "ênfase negativa dada aos usuários de crack" e discorrem sobre a transformação da droga em uma espécie de "bicho de sete cabeças":

> Os mitos e exageros construídos em torno do crack nos últimos tempos, ao contrário do que muitos pensam, além de terem desviado o foco do usuário abusivo, que deveria ser o protagonista dessa problemática, contribuem para que a sociedade em geral e os órgãos estatais deem ao problema uma repercussão exagerada, concomitantemente a posturas e atitudes políticas desesperadas vistas na mídia, como a invasão e a destruição de cracolândias, a proposição de um plano nacional de combate ao crack (com a proposição da internação compulsória), o lançamento de campanhas apelativas na mídia, dentre outros.
> Em meio a essas medidas desesperadas e ineficazes, o crack se torna um "bicho de sete cabeças" no atual contexto da sociedade brasileira [...] (*Ibidem*: 98).

Há, segundo os autores e em vista desse retrato negativo, um verdadeiro endosso de estigmas em torno do indivíduo que consome a substância, dificultando a sua busca por tratamento. Como pesquisadores, ambos testemunharam, em trabalho de campo conduzido em quatro cidades de Minas Gerais, as repercussões dos posicionamentos citados, traduzindo-se em resistência na acolhida aos "crackeiros", por parte dos próprios profissionais que atendem à demanda específica de usuários de drogas, atitude que certamente deixa seus reflexos na questão da adesão a tratamento. Este é um ponto importante de discussão, ainda mais quando se verifica um grande contingente de estudos atribuindo ao usuário de crack baixos índices de aderência e retenção em serviços de tratamento. Em que medida tais índices estariam mesmo atrelados a atributos individuais ou seriam sintoma de um quadro muito mais ampliado cuja análise de seus determinantes inclui os sentidos em torno da droga — produzidos e disseminados socialmente — e partilhados pelos profissionais que prestam atendimento ao usuário?

Há ainda um tipo insidioso de retórica, presente em campanhas "preventivas" e discussões sobre o crack, que transforma a substância no atestado de um suposto descaminho e "bancarrota" social. O pavor produzido por seu reiterado emprego (como um aviso do que pode acontecer a quem se aproximar dela) tende a provocar certo embrutecimento da consciência, capturando e restringindo o exercício do pensamento crítico e mobilizando as forças na direção de uma espécie de "contemplação estoica da catástrofe":

> A vontade de fazer previsões pessimistas reflete a necessidade de dominar o medo do que é considerado incontrolável. Exprime também uma cumplicidade imaginativa com o desastre. A sensação de mal-estar ou fracasso cultural dá origem à vontade de começar do zero, de fazer tábula rasa (Sontag, 2007: 145).

Interessante pensarmos na máxima "sociedade sem drogas" ou "mundo livre de drogas" como vontade mágica de recomeço, de reencontro e retomada do idílio social perdido ("quando tudo funcionava bem"). Exprime também uma tentativa de controle do estado de coisas que se supõe desgovernado e, portanto, muito além do que se pode encaminhar no sentido da construção de caminhos possíveis.

A concepção da catástrofe e do desgoverno, por sua vez, harmoniza-se (e tende a dar legitimidade) com a eleição de uma causa e um inimigo a ser supostamente combatido:

> Nem todas as metáforas aplicadas às doenças e seus tratamentos são igualmente ofensivas e deformantes. A metáfora que estou interessada em aposentar, mais ainda depois do surgimento da AIDS, é a *metáfora*

militar. [...] Mas o efeito das imagens militares sobre a conceituação da doença e da saúde está longe de ser irrelevante. *Elas provocam uma mobilização excessiva, uma representação exagerada, e dão uma contribuição de peso para o processo de excomunhão e estigmatização do doente* (Sontag, 2007: 150).

A ideia de medicina "total" é tão indesejável quanto de guerra "total". [...] O corpo não é um campo de batalha. Os doentes não são baixas inevitáveis, nem tampouco são inimigos. Nós — a medicina, a sociedade — *não estamos autorizados a combater por todo e qualquer meio* [...] (Sontag, 2007: 151).

As metáforas militares se fazem presentes, de modo geral, nas concepções cultivadas pela injunção "guerra às drogas" e, de forma específica, nas condutas sugeridas para o "combate" ao crack. Estas últimas, por vezes, se sustentam em modelos de pensamento, ação e decisão unilaterais que carecem de escuta dos atores sociais — profissionais, usuários, familiares e colaterais — envolvidos na questão. Apoiam-se na lógica imediatista do resultado e se socorrem em receitas predefinidas, aplicáveis "à baciada", descartando as singularidades e a necessidade de intervenções "sob medida".

É inegável que o crack enquanto fenômeno merece e deve ser tratado com a seriedade que ele comporta. Mas profetizá-lo pela via da ameaça (para além dos riscos prováveis) é incitar o medo (e o medo distancia), é fomentar preconceito ao usuário, potencializando marginalização e exclusão, enquanto o propósito de tratamento da questão reside no seu oposto, ou seja, em estratégias de aproximação, integração e circulação de experiências e saberes:

> Não se pretende dizer com isso que o seu uso [*referindo-se ao crack*] seja inofensivo ou isento de riscos, mas a imagem devastadora veiculada reforça a marginalização aumentando ainda mais a distância entre os usuários e os não usuários, sendo, os segundos, elo importantíssimo em uma perspectiva de inclusão sem a qual não se conseguirá minimizar os efeitos danosos de sua utilização (Silva, 2000: 30).

Importante tomarmos o tema "crack" como aquilo que diz respeito a cada um de nós — em latim, *res publica*, a coisa pública —, ou seja, que vai ao cerne da coletividade e a todos implica, quer se queira ou não. No entanto, o compromisso com esta relevante questão necessita fundamentar-se no exercício da reflexão, na problematização dos interesses em jogo e na crítica à disputa pela "retórica do crack", a qual restringe e dificulta a consideração do fenômeno a partir de outros referenciais e potencialidades.

É necessário, ainda, o acesso a informações e discussões qualificadas, o que, do ponto de vista da mídia, nos aponta outro problema, visto que a relação com a notícia se faz, cada vez mais, a partir de outras alianças, dificultando que nos orientemos com base na justeza da questão da droga:

> Não é mais suficiente que os acontecimentos sejam por si sós explosivos, confeccionados de forma chamativa, ou que tenham as manchetes gritadas como nas edições extras de outrora; o meio audiovisual necessita mobilizar todas as forças específicas de seu gênero e ministrar a notícia com toda a violência de uma injeção multissensorial, de forma que atinja o ponto que almeja: o aparato sensorial ultrassaturado dos contemporâneos.
>
> [...] E o que é mais notável é que, justamente a alta pressão noticiosa do presente, que quase automaticamente associa "sensação" a "causar uma sensação", não apenas se sobrepõe ao sentido fisiológico antigo de sensação, mas também o movimenta de uma nova maneira. Ou seja, se tudo o que *não* está em condições de causar uma sensação tende a desaparecer sob o fluxo de informações, praticamente não sendo mais percebido, então isso quer dizer, inversamente, que o rumo vai na direção de que apenas o que causa uma sensação é percebido. A percepção do que causa uma sensação converte-se na percepção *tout court*, o caso extremo da percepção em instância normal (Türcke, 2010: 19-20).

Para o autor, o receptor da informação é continuamente afetado pela violenta e impactante estimulação sensorial — tal qual a ação e o efeito de uma droga — que acompanha a notícia, ou já é parte indiscernível dela.

Se, por um lado, a resposta à retumbante isca noticiosa é imediata, por outro, a atenção não se sustenta, tendo em vista o excesso de estímulos e o estado de hipersaturação perceptiva. Uma espécie de anestesia parece se estabelecer como nível basal até que uma nova "vibração" seja transmitida. A dimensão reflexiva da experiência é subtraída e subsumida pela informação "adrenada" que visa insistentemente a capturar os sentidos.

O consumidor da notícia é hoje um usuário de intensas sensações, fissurado por uma nova "bomba", ou um tremendo escândalo. O crack tem se apresentado como mais um poderoso estimulante a atiçar a percepção/causar sensação em seu público-consumidor. Isto certamente nos coloca o desafio de cuidadosa "depuração" e discernimento dos exacerbantes efeitos de enunciação engendrados em torno do crack.

CAPÍTULO 3 Informações e indicadores relevantes

Especificidades bioquímicas do crack

A cocaína é um alcaloide extraído das folhas da planta de coca (*Erythroxylum coca*), cujo cultivo foi realizado, em primeira instância, no Peru e na Bolívia. As etapas para produção do pó de cocaína se iniciam pelas folhas, que são rapidamente secadas ao sol, depois moídas, prensadas com ácido sulfúrico, querosene ou gasolina e, por fim, comprimidas até formarem uma massa altamente concentrada denominada pasta-base. Esta sofre um minucioso processo de refino (lavagem com éter, ácido hidroclórico, acetona) que redunda na cocaína em pó (branco e cristalino), passível de ser aspirada, ingerida ou dissolvida em água para uso injetável (Carvalho e Seibel, 2009).

CRACK

O crack, por sua vez, deriva da própria cocaína na sua forma fumada. É obtido a partir do pó (processo mais caseiro) ou, o que é mais usual, pela pasta-base. A preparação resultante (pedra), sendo volátil, pode ser fumada e, deste modo, eficientemente absorvida pelas vias pulmonares, de onde se explica sua alta potência (Domanico, 2006; Escohotado, 1995).

O crack demora apenas alguns segundos para fazer efeito, mas sua duração é limitada (por volta de 5 a 10 minutos), o que requer que a droga seja continuamente administrada. Estas características contribuem para que os episódios de consumo evoluam em menor tempo para crescentes padrões de dependência (Ferri e cols., 1997).

A droga produz intensa sensação de prazer, euforia, autoconfiança e poder, além de reduzir a necessidade de sono e alimentação. O término do efeito geralmente é acompanhado por disforia, forte fissura (vontade extremada de utilizar o crack) e, com o passar do tempo, acentuada perda de peso e parcos cuidados, tanto com a aparência física quanto com a higiene pessoal (Nappo e cols., 2004).

Não é raro que o usuário se sinta, sob o efeito da substância e em função da cronicidade do consumo, ansioso, agitado, com medo, tenha alucinações e ideação paranoica (sensação de estar sob acirrada vigilância ou prestes a ser capturado). Dentre as alterações fisiológicas destacam-se constrição dos vasos sanguíneos, pupilas dilatadas, taquicardia, aumento da pressão arterial e da temperatura corporal. As complicações associadas à frequente utilização da droga incluem queimaduras (dedos, boca, nariz, garganta), rachaduras nos lábios, problemas infecciosos (hepatites e HIV), respiratórios (tuberculose), cardíacos (alteração no ritmo do coração e infarto), neurológicos (derrames, convulsões), gástricos (dores abdominais, náuseas) e mentais (ansiedade, depressão, psicose) (NIDA, 2009; Haasen e cols., 2001; Dackis e O'Brien, 2001).

Insumos e compartilhamento: danos e minimização

O crack propicia formas variadas de utilização. Uma delas se dá a partir da confecção de cigarros, nos quais pequenos fragmentos da substância são misturados ao tabaco (pitilho) ou à maconha (mesclado). Mas também é possível fumar apenas a pedra, alocando-a (sobre cinzas de cigarro) em cachimbos prontos ou improvisados, em copos de água descartáveis, embalagens de Yakult, pedaços de isqueiro ou latas de cerveja e refrigerantes. O uso da lata é bastante prejudicial por causa da presença de agentes infecciosos, quando retirada do lixo ou das ruas (Domanico, 2006), além da excessiva toxicidade e exposição ao alumínio que se desprende com o calor da combustão e é absorvido pelo organismo (Pechansky e cols., 2007).

Os cachimbos podem ser confeccionados a partir de materiais diversificados, conforme as necessidades, hábitos e preferências dos diferentes grupos de usuários: metal, vidro, madeira, PVC, bambu etc. A utilização do cachimbo não é unanimidade e acaba por ser descartada em função de certos inconvenientes: tamanho inadequado, dificuldade de transporte, risco de apreensão por parte da polícia. Alguns não são desmontáveis ou não permitem que se aproveite a borra que se acumula ao fim do processo de combustão e que é muito apreciada (Domanico, 2006). Protetores labiais e piteiras de silicone constituem instrumentos de minimização dos danos e riscos do consumo: os primeiros protegem contra desidratação, rachaduras e queimaduras, auxiliando, inclusive, na cicatrização; já as piteiras de silicone permitem que um mesmo cachimbo seja compartilhado, contanto que estas se conservem como material de uso individual (são práticas de guardar e transportar). Filtros para os cachimbos também vêm sendo testados como "barragem" às partículas sólidas absorvidas na utilização do crack (provocando problemas respiratórios). O compartilhamento de cachimbos pode aumentar vulnerabilidades para quadros como tuberculose, herpes e hepatites.

A intensa fissura pelo crack, assim como a overdose, comparecem como sérias preocupações no que diz respeito aos riscos do consumo. A fissura pode comprometer o uso de preservativos quando da troca de sexo por droga ou dinheiro para custear a droga. Quanto às chances de uma overdose, alguns usuários acabam se valendo de estratégias de autocuidado, como utilizar a droga em grupos, por exemplo, ou não deixar de se alimentar periodicamente quando da vigência do consumo.

Silva (2000) descreve algumas estratégias de minimização de danos desenvolvidas entre mulheres usuárias da região da cracolância (São Paulo):

> Para as mulheres não se consumirem com o uso da pedra relataram alguns cuidados que tomam, eomo por exemplo, no ato de fumar tomar um copo de leite, ou ainda, fumar durante três dias e passar três dias sem fumar, sair do local em que as pessoas estão usando o crack e se alimentar rapidamente, pois, segundo elas, quando comem a vontade de fumar passa, e se não fizerem isso, voltam a fumar novamente e podem passar mais alguns dias sem comer, o que aumentaria o risco de uma overdose. [...] Geralmente as mulheres fumam acompanhadas ou próximas de outros que estão fumando, pois no caso de uma overdose, podem ser socorridas por quem está perto ou mesmo serem avisadas caso a polícia apareça (*Ibidem*: 72).

A chegada do crack ao Brasil e os níveis de consumo

A partir do fim da década de 1980 e início da de 1990, os primeiros registros de utilização e apreensão de crack no Brasil tiveram como pano de fundo a cidade de São Paulo (Nappo e cols., 1994; Inciardi, 1993; Dunn e Laranjeira, 1999; Oliveira e Nappo, 2008). A droga, inicialmente, teria sido introduzida na periferia do município em 1988, mais especificamente em bairros da região Leste, e depois se espalhado para outras localidades (Uchôa, 1996).

Em um dos pioneiros estudos que objetivaram retratar as mudanças realizadas nas formas de administração de cocaína ao longo de um extenso período, verificou-se que a porcentagem dos que fumavam crack cresceu de 5%, no fim da década de 1980, para 65%, entre 1995-97 (Ferri e Gossop, 1999).

Além disso, conforme verificado em outras cidades do mundo, o aumento dos níveis de utilização da droga foi acusado pelo montante de usuários de crack que passaram a se apresentar para tratamento. Segundo levantamento realizado em dois serviços públicos especializados do município, entre 1990 e 1993, quase quadruplicou o percentual de indivíduos que relataram a utilização da substância (Dunn e cols., 1996). Na direção contrária, e certamente alimentando o contexto anterior, os níveis de consumo de cocaína endovenosa ("baque") decaíram (Dunn e Laranjeira, 1999). O progressivo abandono da via injetável ocorreu por causa de uma percepção de risco envolvendo esta prática e o contágio do HIV. A migração para o crack parecia ser mais segura contra a transmissão do vírus (suposição equivocada), ainda com a vantagem de se conservar a potência do efeito (Dunn e Ferri, 1998).

Mas a popularização da "pedra" se assentou — primordialmente — em ardilosas iniciativas de mercado, que fartamente a disponibilizaram a valores reduzidos (embora o uso desenfreado onere o preço final). Em muitos pontos de venda, seu consumo foi otimizado por uma tática de interrupção do fornecimento de outras substâncias, tornando o crack "peça única" ou produto complementar e obrigatório quando da aquisição de outras substâncias (Nappo e cols., 1996; Dunn e Ferri, 1998; Oliveira e Nappo, 2008). Vale mencionar que, nos primeiros anos de chegada à cidade de São Paulo (primeira região brasileira a acusar a "entrada" do crack), não era raro que usuários tivessem de se familiarizar com seus, até então, desconhecidos e intensificados efeitos. Vários deles aprenderam, com os próprios traficantes ou companheiros de uso, a realizar a conversão caseira do pó de cocaína para a forma fumável de crack. Diluíam-se pequenas quantidades de pó em água e adicionava-se bicarbonato de sódio (ou amoníaco). Esta mistura era aquecida, resultando em textura oleosa que, após esfriamento, se tornava uma "película fumável de crack", chamada de casca (Domanico, 2006).

Epidemiologia do crack

Em relação aos registros oficiais do uso específico de crack, existem dois levantamentos domiciliares (Carlini e cols., 2002; 2007): um, reunindo dados de 107 cidades com mais de 200 mil habitantes, cujas notificações consideram 0,4% de uso na vida. A maior prevalência (1,2%) foi encontrada para homens jovens, entre 25 e 34 anos, seguida de 0,9% também entre o gênero masculino, mas agora na faixa etária de 18 a 24 anos. O segundo levantamento domiciliar envolveu entrevistados entre 12 e 65 anos e registrou 0,7% de uso na vida para crack. A região Sul apresentou 1,1% de uso na vida, seguida da Sudeste (0,9%). O mais alto percentual foi encontrado, mais uma vez, entre homens de 25 a 34 anos (3,2%). Houve ainda, do primeiro para o segundo levantamento, aumento do consumo entre mulheres.

Outra pesquisa incluindo 27 capitais brasileiras, detalhando o consumo entre crianças e adolescentes em situação de rua, fez alusão ao uso frequente de crack na maioria das localidades investigadas. São Paulo, Recife, Curitiba e Vitória foram as cidades com os maiores índices de utilização da droga, variando a porcentagem entre 15% e 26%. Para essa população, o crack esteve disponível, e seu uso em ascensão, entre 1989-1993 em São Paulo, entre 1993-1997 em Porto Alegre, entre 1997-2003 no Rio de Janeiro e após 2000 em Fortaleza e Recife (Noto e cols., 2003). Por último, fontes recentes do Ministério da Saúde informam sobre aproximadamente dois milhões de usuários de crack no país. Segundo informe da Polícia Federal, 70% da cocaína apreendida em território brasileiro se destinaria à produção de crack.

São poucos os indicadores oficiais, e portanto os elementos de que dispomos, para dimensionar a magnitude da questão envolvendo o crack em termos de alcance e especificidades. Vale destacar que no Brasil não existe tradição em planejamento e execução de levantamentos regulares para uso de drogas. A dificuldade aumenta quando se trata de substâncias cujo uso agrega um componente de marginalização e ilegalidade (Moraes, 2008).

Aspectos do perfil do usuário

Na literatura nacional, encontram-se descritas uma série de características que auxiliam na composição de um quadro geral de referência do perfil do usuário de crack: predominantemente do sexo masculino, adulto jovem (entre 20 e 30 anos), solteiro, inserido no mercado informal de trabalho ou em situação de desemprego.

Verificam-se baixa escolaridade (ensino fundamental ou menos) e modesta condição socioeconômica. Para a maioria, o crack não é a primeira substância de consumo, embora a sequência de drogas até o crack tenha decrescido entre os mais jovens (Sanchez & Nappo, 2002). Outra característica bastante presente é o uso de múltiplas substâncias (lícitas e ilícitas). Como a dependência de crack tende a se instalar rapidamente, usuários da droga que buscam tratamento o fazem mais precocemente do que dependentes de cocaína aspirada. Registram-se algumas vulnerabilidades, como engajamento em comportamento de risco (sexual e compartilhamento de insumos) e envolvimento em delitos, de maneira a subsidiar o uso continuado e frequente (Sanchez e Nappo, 2002; Guindalini e cols., 2006; Azevedo e cols., 2007; Oliveira e Nappo, 2008; Carvalho e Seibel, 2009; Zeni e Araújo, 2009; Guimarães e cols., 2008).

Atualmente, com a disseminação do crack, especula-se a respeito da presença de padrões intensificados de consumo também entre indivíduos de classes sociais abastadas, baseado no perfil dos que têm se apresentado para tratamento.

Outra tendência pouco explorada é a das práticas de consumo de crack entre mulheres, muitas vezes ocultadas em função do estigma e das fortes exigências sociais. Ainda assim, por volta do ano 2000, as caracterizações da cultura do crack foram incluindo as vicissitudes do contexto de uso por parte do gênero feminino (Nappo e cols., 2004; Nunes e cols., 2007; Passos e cols., 2007; Silva, 2000; Malta e cols., 2008; Von Diemen e cols., 2010; Pechansky e cols., 2007).

Em termos gerais, elas tendem a apresentar baixo poder aquisitivo, precária formação escolar (ensino fundamental incompleto), pouca idade (abaixo de 30 anos), má remuneração ou desemprego e dificuldades no acesso aos serviços de saúde. Consideradas "boas pagadoras", não costumam contrair dívida de droga. Como uma das formas possíveis (mas não a única) de manter o consumo, podem acabar recorrendo a prática de troca de sexo por dinheiro ou crack ("se trocar por pedra").

Quanto às condições de vulnerabilidade, registra-se o uso inconsistente de preservativo (em função do enfraquecimento no poder de viabilizar cuidados ao corpo e à saúde, por conta da fissura pela droga ou por se submeterem às preferências e imposições de parceiros, clientes, cafetões e colegas de uso). Desta maneira, estão suscetíveis a HIV, sífilis, gonorreia, hepatites e tuberculose, entre outros.

Exposições a situações de violência (agressões verbais, físicas e sexuais) são constantes. Silva (2000) descreve o cotidiano de mulheres usuárias de crack da região da cracolândia, em São Paulo. A autora expõe o tom de naturalidade com que elas relatam os abusos perpetrados por policiais, clientes, traficantes, maridos e/ou cafetões. Estupros, surras, tentativas de homicídio não são alvo de denúncia e cuidados médicos, uma vez que elas não se sentem capazes (tampouco legitimadas socialmente) de fazer frente às violações sofridas.

Outro fenômeno revelador relatado por Silva é a adoção, entre uma pequena parcela dessas mulheres, de indumentárias, trejeitos e aparência masculinizada (não entram aqui questões de ordem da sexualidade). Trata-se, mais especificamente, da busca por viabilizar o trânsito e a sobrevivência em um universo — circuito da rua e das relações ilícitas de consumo — onde prevalece a lei do mais forte, o que sabe se impor, o "valente". Além disso, a aparência masculina comparece como estratégia (precária) de defesa e proteção contra pesadas ameaças a que estão sujeitas, principalmente o abuso sexual.

CAPÍTULO 4 O contexto da droga, as condições de marginalização e a atenção em saúde

Violência e a droga crack

A alta exposição à violência comparece como relevante fenômeno atrelado à cultura do crack, traduzindo-se, para alguns, em curta expectativa de vida, sinalizada por elevadas taxas de homicídios e mortalidade (Chesnais, 1999; Costa Dias, 2008). Faz-se necessário, contudo, sublinhar que não há o que justifique o estabelecimento de qualquer tipo de relação causal, ou equivalência, entre consumir crack e evoluir para o óbito. Daí a inadequação de afirmações que os aproximem tão categoricamente.

As taxas de óbitos são mais contundentes quando falamos das primeiras gerações de usuários descritas nos estudos brasileiros, uma vez que estes indivíduos sofreram diretamente o impacto da introdução do crack no país. Na época, por se tratar de uma nova forma de apresentação da cocaína, o usuário ignorava os possíveis desdobramentos da relação de consumo, tais como potencial de ocasionar dependência, danos e riscos. A rede do tráfico disputava violentamente a liderança na venda ("tomada das bocas"), e — em virtude do estatuto ilegal da droga — a repressão policial também deixava suas marcas.

Vale destacar que, nos anos iniciais de comércio do crack, os envolvidos no consumo desconheciam os códigos de interação e conduta que vigoravam nos pontos de venda. Não se admitiam endividamentos (Chesnais, 1999; Guimarães e cols., 2008), barganhas com os traficantes, roubos nos arredores ou comportamentos indiscretos e desesperados que atraíssem a atenção de curiosos e da polícia. Caso ocorressem, o usuário poderia ser severamente punido, até mesmo com a morte (Silva, 2000).

Na cidade de São Paulo, em um estudo longitudinal reunindo 107 usuários de crack acompanhados por um período de 12 anos, foram encontradas altas taxas de óbito (20%). A maior parte dos mortos se deu por causas violentas, ou seja, por homicídios envolvendo armas de fogo (Dias e cols., 2011). As taxas de sobrevida tiveram sua maior redução no decorrer dos quatro primeiros anos de acompanhamento (início da década de 1990), coincidindo com o período de entrada da droga na região e na própria organização do tráfico.

Em Belo Horizonte, o comportamento dos homicídios seguiu uma tendência similar, observando-se o recrudescimento dos índices no período de 1997 a 2004, alinhando-se ao processo de entrada e disseminação do comércio e uso do crack na cidade (Sapori, Sena & Silva, 2010).

Num relato detalhado a respeito dos modos de organização do tráfico de drogas, Sapori e cols. (2010) atribuem à decisão mercadológica pela venda do crack na rede de "bocas" os altos percentuais de conflitos no interior dessas estruturas. Os jovens trabalhadores das "bocas" vivenciam um cotidiano desprovido de qualquer proteção, e "a insegurança e a sujeição à violência são moedas correntes" (*Ibidem*, 2010). Além disso, o processo de endividamento por parte desses vendedores (chamado de "derrame") tende a ser muito superior às dívidas contraídas no comércio da cocaína em pó. Quanto aos débitos do usuário:

> No caso do endividamento do usuário, os relatos indicam que ele não está necessariamente propenso a ser vítima de uma situação de violência devido à sua dívida, a não ser quando quebra os procedimentos em relação aos débitos. Isso significa que dever não é um mal em si, o mal é trair. Por exemplo, se um usuário está devendo a uma boca e compra de outra,

ele está infringindo um código local, e é denunciado, até mesmo, pelas bocas concorrentes (Sapori, Sena e Silva, 2010: 71).

Principalmente no que diz respeito ao crack, o endividamento se complica ainda mais na medida em que quase inexiste a possibilidade de realização do que se convencionou chamar de "repasse". Esta tática permite maior rentabilidade ao consumidor pela ampliação de sua rede de contatos para fins de revenda da droga excedente, propiciando o financiamento do consumo próprio. Mas, em se tratando do "crackeiro", falamos de um indivíduo geralmente sem muitos recursos, sem inserções em redes mais amplas e consumidor de uma substância cuja fissura é bastante intensa, não dando margem a sobras.

Com o passar do tempo, tanto no caso do estudo paulistano quanto na pesquisa mineira, foi verificada diminuição nas taxas de mortalidade e homicídios. Isto não significa, contudo, que a violência (aliás, muito presente no comércio de drogas ilícitas em geral) tenha cessado de todo. O que se percebe, nos dias de hoje, é que foram os próprios usuários que, diante das condições de acesso à substância, precisaram construir expedientes de adaptação. Certamente as vulnerabilidades ainda se fazem presentes, mas, ao longo dos anos, foram sendo desenvolvidos aprendizados para lidar com as duras regras do tráfico e a polícia:

O usuário aprendeu as regras do tráfico e passou a obedecer a elas sem criar artifícios para isso. As dívidas na bocada de crack são evitadas, assim como estratégias, por meio de atitudes de subserviência como implorar, chorar, ajoelhar e outras, que a droga possa ser-lhe dada (fiado). Esse comportamento atrai a atenção da polícia e é reprimido com violência pelo tráfico. Quanto à polícia, admitir ser usuário e não tentar esconder o consumo parece ser uma estratégia adequada, pois nesse caso o usuário beneficia-se da nova Lei de Drogas (Nappo e cols., 2010: 34).

No intuito de se protegerem de situações arriscadas, alguns preferem consumir a droga em locais considerados mais protegidos, como o ambiente doméstico, a residência de amigos ou os "hoteizinhos" próximos aos locais de compra. Dentre os de maior poder aquisitivo é de praxe a utilização de serviços de "delivery". Quando o crack é comprado pessoalmente, não costumam ir à "boca" intoxicados e sabem que devem falar pouco, realizando a transação com rapidez. Parte dos usuários evita consumir a droga em grupos, pois teme que por causa da "paranoia" ("noia") possam ocorrer brigas e ferimentos (Ribeiro, Sanchez e Nappo, 2010).

No cenário de Belo Horizonte, um policiamento mais ostensivo associado a medidas e ações de inclusão de jovens em situação de risco social foram responsáveis pelo recuo dos homicídios. Houve ainda aprimoramento da organização do tráfico e autorregulação da violência interna, restringindo-se a prática dos assassinatos a fim de prevenir a presença de policiais no entorno, algo que certamente prejudicaria os negócios.

Vigor e reflexos de uma política repressiva

> Considere-se o alcance desse deslizamento, registrado no decorrer do tempo, que se exprime na dimensão da repreensão, refletida especialmente no espaço jurídico, na forma de um arsenal de disposições legislativas sobre a nocividade e, principalmente sobre o abuso da droga, deslizamento que não é concebível fora da relação entre a ciência e a droga. Dessa presença determinante do discurso da ciência deriva o traço de repressão policial, característico da droga na atualidade. E, justamente, a maior ambição da ordem jurídica é a de regulamentar o uso abusivo da droga, circunscrevendo-o, em certos casos, às fronteiras do útil (Santiago, 2001: 19).

O Brasil é herdeiro de um discurso jurídico que tem suas raízes na tradição americana (século XIX):

> A opção por uma abordagem repressiva e proibicionista de guerra às drogas nasce de um modelo americano e espalha-se rapidamente por todo o mundo, inclusive no Brasil (Arana, *op. cit.*, *apud* Moraes, 2005: 31).

A proposta de repressão da produção, do comércio e da utilização de substâncias foi firmada no âmbito de conferências internacionais que congregavam e exerciam grande apelo à adesão de inúmeros países. A Organização das Nações Unidas (fundada em 1945) também contribuiu fortemente para a unificação de um programa (Convenções-Irmãs) internacional de controle e coerção às drogas, endossando a premissa proibicionista:

> Em 1998 a ONU convocou uma Sessão Especial da Assembleia Geral (UNGASS) para a discussão da política mundial de drogas. Este evento não apenas ratificou as Convenções-Irmãs como também estabeleceu a meta de erradicação do cultivo de plantas e vegetais para a produção de drogas ilícitas, uma estratégia considerada chave para a supressão do consumo de drogas ilícitas no mundo. O plano de ação da UNGASS estabelecia o ano de 2008 como prazo para o alcance dessa meta e intitulava-se *Um mundo livre de drogas: Nós podemos fazê-lo*. Em 2003, tanto a meta quanto o prazo para atingi-la foram reafirmados pela ONU (Alves, 2009: 2.311).

Ações movidas pelo intento de erradicação universal das drogas (passando pelo consumo) esbarram em tensionamentos e limitações.

A primeira delas é a fragilidade de uma premissa que toma como possível (e necessária) a eliminação de todo o montante de drogas ilícitas produzidas em escala mundial (Cotrim, 1999). Trata-se de um mercado atraente e lucrativo, o que aumenta a resistência ao que venha cerceá-lo. Se os esforços repressivos se voltam para a produção, distribuição e comércio, o que se verifica é uma mobilização no sentido da superação dos impedimentos que são impostos: estabelecem-se novas localidades e rotas de contrabando, aprimoram-se técnicas de cultivo ante as reduções de área, obtendo-se "maior produtividade por planta". Promovem-se descentralização da produção e venda através de médios e pequenos comerciantes incorrendo em aumento da competitividade e diminuição de preço (Morais, 2005). Em suma, ocorre com o tráfico o que se observa em qualquer atividade mercadológica bem-sucedida: a racionalização do comércio e o aperfeiçoamento das práticas, com maximização de resultados:

> O tráfico de drogas, em âmbito varejista e atacadista, apresenta estratégias geralmente ignoradas pelos crédulos na capacidade da repressão de elevar o preço de certas drogas e conter o seu consumo (Paixão, 1994; Reuter e Kleiman, 1986).

O próprio crack, como substância de consumo, é apontado, segundo algumas correntes de pensamento, como fruto da política repressiva:

Muitas vezes os insumos químicos, como éter e acetona, necessários para a transformação da pasta-base em cocaína, não estavam prontamente disponíveis devido ao controle governamental exercido sobre a sua comercialização. Para evitar maiores perdas financeiras, os traficantes passaram então a produzir essa forma menos pura *(referindo-se ao crack)*, no entanto, mais facilmente vendável (Domanico, 2006: 14).

Outro tensionamento surge da adoção de um foco eminentemente voltado para o domínio da segurança pública, seguindo a linha do combate como palavra de ordem — e da justiça criminal. Decorre daí uma inevitável sobrecarga do sistema prisional, absorvendo — arbitrariamente — grandes traficantes e usuários:

> O tratamento legal e de forma igualitária a todos os integrantes da cadeia organizacional do mundo das drogas é desigual em termos de penalização e alternativas de intervenção (Brasil, 2004).

Incluem-se nessa crítica os altos custos e o fato de a prisão não impedir que o consumo se mantenha, podendo, inclusive, fomentar o oposto do pretendido:

> [...] criminalizar o dependente de drogas sem oferecer recursos terapêuticos durante a pena, con-

siderando o fácil acesso às drogas nos ambientes prisionais, remete a uma realidade desumana [...] (Conte e cols., 2008: 607).

Consoante à lógica exposta, observa-se uma acentuada tendência à marginalização e ao desrespeito com o usuário como portador de direitos. O próprio Ministério da Saúde reconhece e aponta o componente de ilicitude do uso de determinadas substâncias (certamente incluindo o crack) como fator de segregação e exclusão, impedindo a participação social. Avalia também o estigma que incide sobre o indivíduo que consome a droga, ao qual, não obstante, se associam delinquência e criminalidade (Brasil, 2004).

Um levantamento realizado no Rio de Janeiro (região Oeste) envolveu 100 familiares ou pessoas próximas a usuários de drogas ilícitas. O objetivo foi acessar opiniões acerca das leis e políticas sobre drogas no Brasil da perspectiva desses agentes sociais (conforme as experiências vividas e observadas). Do total, 79% afirmaram que as leis e políticas não facilitam o tratamento e a recuperação dos usuários, e 73% não respeitam os direitos humanos. Muito frequentemente, as leis e políticas como estão, segundo eles, aumentam o comportamento criminal (74%) e, na grande maioria dos casos, também não reduzem oportunidades de acesso às substâncias ilícitas (78%). Finalmente, quando indagados acerca dos direitos das pessoas que têm problemas com drogas ilegais, a conduta repressiva da polícia foi apontada em primeiro lugar (78%) como desrespeitosa e, portanto, violadora dos direitos dos usuários (Silva e cols., 2009).

A hipertrofia da lógica proibicionista repercute, também, em vultosos investimentos na repressão da oferta em detrimento da redução da demanda, cuja relevância é deixada em segundo plano:

> A ênfase na redução da oferta de drogas, por meio da criminalização tanto do tráfico quanto do uso de drogas ilícitas, conferiu uma importância secundária à redução da demanda promovida mediante as intervenções de prevenção e tratamento aos dependentes químicos (Alves, 2009: 2.311).

> Reproduzindo os aspectos contraditórios que marcam o contexto do uso de drogas na atualidade, tanto a sociedade quanto o governo do Brasil, tradicionalmente, deram prioridade à repressão na abordagem dessa questão, em detrimento de ações educativas e preventivas abrangentes (Moraes, 2005: 31).

A partir da nova lei de drogas (Lei nº 11.343, de 23 de agosto de 2006) iniciou-se um processo ainda bastante incipiente — do ponto de vista legal — de mudança do olhar "penalizante" sobre o consumo, e de adequação das ações de acordo com o estatuto dos envolvidos no campo da oferta e da demanda. A atual lei "prescreve as medidas para prevenção do uso indevido de drogas, atenção e reinserção social; estabelece normas para a repressão à produção não autorizada e ao tráfico ilícito de drogas; define crimes e dá outras providências" (Brasil, 2006).

Essa lei confere ao consumo de substâncias ilícitas um endereçamento orientado pela perspectiva da prevenção e atenção em saúde. Mas permanece a criminalização do usuário, com a diferença de serem estabelecidas penas alternativas (advertência sobre o uso, prestação de serviços à comunidade, frequência a programas ou cursos educativos), dando lugar ao tratamento de reclusão outrora dispensado, por exemplo, ao porte e consumo de drogas ilícitas. No entanto, a nova lei não "cobre" pequenos delitos (crimes de menor potencial ofensivo) associados à manutenção do ciclo de utilização da substância (como acontece com o crack, por exemplo). Nestes casos ainda persiste o risco de pena privativa de liberdade.

Para usuários ou dependentes envolvidos em delitos, que têm a droga como fator intercorrente, há a possibilidade (nem sempre disponível) de atuação da Justiça Terapêutica. O programa parte de uma "dupla qualificação" do usuário, alçando-o à categoria de infrator e doente.* Por esta aliança de caráter jurídico-médico mantém-se a concepção proibicionista, e a destinação da situação é dada a partir de duas alternativas: a prisão ou o ingresso em programa de atenção terapêutica. No entanto, o que fica implícito é a necessidade (dever?) de abster-se da droga, pois, uma vez considerada parte implicada no binômio "droga-crime", a não reincidência criminal passaria necessariamente, segundo esta lógica, pela interrupção do consumo da substância. Deste modo, as equipes de atenção já partem de um imperativo legal a atravessar o trabalho de acolhida e acompanhamento, produzindo efeitos que precisam ser mais bem refletidos e emprestando ao tratamento sentidos outros que não o compromisso com práticas que atendam às demandas e escolhas do indivíduo (Gossop e cols., 2005). Vale destacar que a nova lei de drogas e, aparentemente, as propostas do programa de Justiça Terapêutica ainda não chegam a contemplar um grande contingente de usuários, predominando as medidas restritivas de liberdade (Ferreira Filho e cols., 2003; Costa Dias e cols., 2008; Carvalho & Seibel, 2009). Depreendemos, com isso, que as implicações concretas de ações

---

*Cetlin (2010) discorre a respeito da relação medicalização-criminalização no percurso de constituição do usuário ora como dependente-doente, ora como criminoso. Afora o aprisionamento numa identidade médica e/ou jurídica, estas classificações tendem a minar e comprometer a questão da autonomia no que tange às escolhas do usuário: "a dependência é a nomeação de sua desautorização, e a infração, sua desqualificação".

repressivas tendem a ser objetivadas no aumento dos percentuais de prisão e na longa duração das penas.

Se tomarmos especificamente as relações de dependência de crack fica clara a importância de mudanças no tratamento legal da questão. O consumo dessa droga traz, como uma dimensão possível, o trânsito no campo da ilegalidade — furtos, venda de objetos roubados, microtráfico — e, portanto, convoca a que se desenvolvam outras modalidades de compreensão e intervenção no âmbito da segurança pública e da justiça, resultando em menos rigidez e punição para o usuário de crack e mais formas de responsabilizá-lo e engajá-lo em sua história e trajetória. Sem compromisso — *a priori* — com qualquer imperativo que venha incidir sobre a condução do processo de atenção ou sobre outras medidas que também possam ser disponibilizadas.

Pequenos delitos como um componente (possível) do consumo

Conforme observado na literatura (Hough e cols., 2001; Seddon, 2000; Ferri e cols., 2002; Guimarães e cols., 2008; Carvalho e Seibel, 2009), a prática de delitos — principalmente furtos, roubos e pequeno tráfico — pode ser uma das dimensões observadas no uso de crack. Nesses casos, entretanto, eles são operados em função da necessidade de compra e consumo da droga, e não no sentido do acúmulo de dividendos. Os delitos são uma estratégia possível para a manutenção do uso de crack, mas não a única, podendo ocorrer utilização de recursos financeiros próprios ou da família, venda de pertences pessoais e de pessoas próximas, troca de sexo por droga, venda de latinhas de alumínio ou simplesmente descontinuação do consumo em função da falta de divisas.

É importante pormos em questão o pensamento segundo o qual o usuário da droga apresentaria uma propensão a comportamentos violentos, independentemente do contexto e das condições de uso, ou que o crack "em si" (por seus efeitos farmacológicos) seria uma fonte produtora de atos criminosos. Raupp e Adorno (2010) também relativizam tais associações e alertam sobre os riscos de generalizações equivocadas. Os autores destacam o componente de socialização que o crack pode comportar, especialmente no âmbito das ruas (formação de grupos), onde puderam observar episódios de auxílio e solidariedade (cuidados físicos, trocas ou compras de alimentos e líquidos, disponibilização de cobertores e bilhetes de transporte coletivo) entre usuários da droga.

Podemos falar de determinadas circunstâncias e modos de consumo que tendem a requerer episódios repetitivos de uso. Quando os recursos financeiros se esgotam, viabiliza-se uma situação favorável (em vista da urgência pela droga) para o engajamento em ações, fora do âmbito legal, que possam financiar a continuidade da utilização de crack (Oliveira e Nappo, 2008).

Uma dessas ações consiste na realização da atividade de tráfico em escala bastante reduzida, isto é, o microtráfico — "produção artesanal e distribuição individual" —, empreendido pelo próprio usuário de crack (crianças, adolescentes, mulheres e homens), que passa a acumular uma dupla função, de consumo e venda (Mingardi, 2010; Ribeiro e Araújo, 2006; Albuquerque, 2010).

Em virtude de o efeito da substância ser de curtíssimo prazo e da necessidade de grandes quantidades de "pedras" para uso, há constante movimentação ("correria") desses usuários — pequenos traficantes — no sentido da comercialização e obtenção da droga, o que os coloca em situação de exposição e risco de coerção policial, extorsão e/ou prisão (Silva, 2000). Essa "linha de frente" da venda não é composta por poderosos cartéis ou grandes traficantes, mas, ainda assim, sobre ela incide as ações repressivas, quando, na verdade (e em consonância à Política Nacional de Drogas), tais ações estariam reservadas ao nível macro do tráfico.

Retomando as premissas que aproximam o consumo de crack a comportamentos violentos e atribuem à substância ("por si") a produção de atos criminosos, encontramos em publicações brasileiras da década de 1920 algumas das suas condições de possibilidade.

Morais (2005) aborda a contribuição de peso de dois autores da época (1924) — Pernambuco Filho e Adauto Botelho — na abordagem relativa aos "vícios", ao comércio das drogas (principalmente as de cunho ilegal) e ao "toxicômano". Embalados pela corrente proibicionista internacional, os autores (eminentes professores da Faculdade de Medicina do Rio de Janeiro) apresentam suas intenções:

> Assim, é nosso intuito, não só fazermos um estudo das alterações e sintomas que produzem os tóxicos nos infelizes, que por uma contingência qualquer se entregaram ao uso e abuso, como também e principalmente, contribuirmos com o nosso contingente em prol da campanha benfazeja que ora se vem movendo em todo o mundo [...] contra a expansão dos vícios e contra os perversos que, a troco de boa paga, se encarregam de espalhar a miséria, a degradação, entre as vítimas de tais drogas (Pernambuco e Botelho, 1924: 14).

Morais (2005) aponta as características deletérias atribuídas por Botelho e Pernambuco às classes das drogas:

> Haveria três tipos de tóxicos: *os excitantes que conduzem a atos perigosos*; os estupefacientes, que trazem a inércia e não produzem noções propriamente

criminais; e as intoxicações múltiplas, nas quais deve predominar o tóxico mais forte (Pernambuco e Botelho, *op. cit., apud* Morais, 2005: 183).

De acordo com os autores em questão, os toxicômanos são tidos como "mentirosos inteligentes" (não é incomum verificarmos até hoje o uso do termo "manipulador" para se referir ao indivíduo que faz uso intensivo de uma droga), "degradados morais" e pessoas com "evidentes alterações de caráter" (nos grupos de mútua ajuda frequentemente utiliza-se a expressão "defeitos de caráter" também aludindo à personalidade do usuário). Embasados nestas concepções, os autores vislumbram e reforçam o encaminhamento da questão a partir de uma severa legislação jurídico-criminal:

> Para boa profilaxia das toxicomanias, torna-se imprescindível o auxílio de leis coercitivas e vigorosas que evitem, de um lado, o derrame comércio-industrial das substâncias perigosas, e de outro que assegurem a fiscalização e a punição dos viciados, já por si perigosos ao meio e à sociedade, pelos atos delituosos que possam praticar, já pela faina vangloriada de contaminar os outros (Pernambuco e Botelho, 1924: 122).

O Decreto nº 4.294, de 1921, reforça o enfrentamento do problema — por excelência — a partir de práticas punitivas e corretivas, estabelecendo sanções ao usuário que se traduziam em multa e/ou detenção em estabelecimento "correcional" ("internandos" judiciários), variando de 3 meses a 1 ano (Morais, 2005). Foi também na década de 1920 que a toxicomania tornou-se disciplina no curso da Escola de Polícia (Adiala, 1986).

De acordo com Rodrigues (1934), a partir da legislação de 1938 forneceram-se os meios para o fortalecimento do Estado como agente de regulamentação das substâncias que deveriam ser consumidas, assim como suas finalidades (médicas ou não médicas). Qualquer tipo de uso (não autorizado clinicamente) era classificado como toxicomania e, caso "detectado", deveria ser informado às autoridades sanitárias e policiais, tendo-se como resultado o ingresso em tratamento ou a prisão.

A repressão como forma de restituição da soberania do Estado

Bauman (2005) nos coloca a refletir acerca de um grande "divisor de águas" ocorrido nas primeiras décadas do pós-guerra e que representou uma alteração profunda nas bases de sustentação da legitimidade e soberania estatal.

O chamado "Estado de bem-estar social" — significativa conquista do processo democrático europeu — sofreu um expressivo recuo. Esse modo de presença estatal se fundamentava a partir da promessa de garantia e defesa do cidadão contra as afiadas garras da exclusão, da rejeição e "também dos golpes aleatórios do destino". No caso dos indivíduos acometidos por reveses e perdas sociais e econômicas, a ideia era de que haveria todo um aparato — providenciado pelo Estado — a socorrê-lo e ajudá-lo a se refazer do ocorrido. A competição de mercado e a instabilidade das condições de emprego, enormes fontes de incerteza, poderiam ser contrabalançadas pela ação estatal na direção de criar meios seguros para tornar o "futuro mais garantido".

Com o gradativo abandono e enfraquecimento das funções econômicas e sociais por parte do Estado, surgiu a necessidade de se redefinir papéis e restaurar sua importância "como protetor aos olhos dos cidadãos". Nasce daí o Estado "penal", voltado para a repressão e a segurança pessoal:

> Para os aplausos dos cidadãos que buscam desesperadamente as raízes de sua inabilitante ansiedade, o Estado flexionou os músculos, embora débeis e indolentes em todos os outros domínios, em plena vista do público — criminalizando as margens da população que se mostravam mais frágeis e viviam de forma mais precária, projetando políticas de "mão firme", cada vez mais rígidas e severas, e lançando espetaculares campanhas contra o crime [...] (Bauman, 2005: 105).

Essa linha de atuação trouxe como resultante o aumento do grau de militarização da vida, e os problemas sociais passaram a ser cada vez mais criminalizados:

> A repressão aumenta e substitui a compaixão. Problemas reais como a redução do mercado imobiliário e o desemprego maciço nas cidades — como causas da questão dos sem-teto, da ociosidade juvenil e da epidemia das drogas — são desprezados em favor de políticas associadas à disciplina, ao refreamento e ao controle (*Ibidem*: 107).

Para Bauman, com o desmantelamento do Estado social e das "formas coletivas de seguro", o que antes era material humano passível de reciclagem após a queda da esteira produtiva tornou-se excedente, descarte. A demanda passou a se centrar na projeção de locais adequados e distantes para depositar o excesso humano, uma vez que as esperanças de reciclagem ultrapassaram o limite do possível. Neste sentido, tornou-se indispensável a delimitação de barreiras e firmes fronteiras, demarcando o fora e o dentro, configurando verdadeiros "hiperguetos" ou depósitos bastante eficientes. O sistema penal, no entender do autor, se afigura como um destes dispositivos (dentre muitos outros):

Na melhor das hipóteses, a intenção de "reabilitar", "reformar", "reeducar" e devolver a ovelha desgarrada ao rebanho é ocasionalmente louvada da boca para fora — e, quando isso acontece, se contrapõe ao coro raivoso clamando por sangue, com os principais tabloides no papel de maestros e a liderança política fazendo todos os solos. De forma explícita, o principal e talvez único propósito das prisões não é ser apenas um depósito de lixo qualquer, mas o depósito final, definitivo. Uma vez rejeitado, sempre rejeitado. Para um ex-presidiário sob condicional ou *sursis,* retornar à sociedade é quase impossível, mas é quase certo retornar à prisão (Bauman, 2005: 107).

Construir novas prisões, aumentar o número de delitos puníveis com a perda da liberdade, a política de "tolerância zero" e o estabelecimento de sentenças mais duras e mais longas podem ser medidas mais bem compreendidas como esforços para reconstruir a deficiente e vacilante indústria de remoção do lixo — sobre uma nova base, mais antenada com as novas condições do mundo globalizado (Bauman, 2005: 109).

A escolha por tratamento, as práticas de atenção e o crack

O que se verifica com grande frequência quando a escolha por um serviço de tratamento para a questão do consumo de crack se faz indicada ou necessária é a busca por unidades de internação. Depreende-se daí uma concepção corrente que privilegia o regime intensivo fechado como estratégia mais apropriada de atenção em detrimento de outras modalidades, especialmente quando o crack se faz presente.

As internações parecem figurar como a "legítima terapêutica", e não como um recurso — dentre um leque de possibilidades — que pode vir a ser acionado em um momento específico, em função de certos combinados e contingências, e fruto de uma ponderação coletiva envolvendo os implicados no processo. Pois internação não é para toda hora nem qualquer circunstância em que se verifique o consumo de crack (mesmo que intensificado).

Entretanto, o dispositivo pode parecer bastante atraente, em função da promessa de distanciamento em relação à droga, gerando não só alívio, como também um sentimento de "segurança" pela interrupção do ciclo de uso. O regime fechado, por sua própria organização, viabiliza (ainda que temporariamente) o que certos discursos estabelecem como o que a atenção especializada deve prover: o afastamento do crack,* a rápida inserção

---

*É possível questionarmos se a tendência observada na clínica, de interrupção e descontinuidade do tratamento, não teria estreita relação com a lógica apresentada. Ora, se tratamento é igual a deixar o consumo, logo, se não se faz mais uso da droga, não há por que frequentar ou permanecer em tratamento. Isto inclui a não vinculação à rede de atendimento "externa" quando da alta de um episódio de internação.

na norma* e, por que não, o retorno a uma espécie "de sociabilidade compulsória e compulsiva" (Patto, 2000). Critérios bastante valorizados pelos (frágeis) ideais curativos, que tendem a aplicar a lógica imediatista do resultado à complexidade dos processos humanos, "coisificando-os". Estes ideais se encontram expressos em terapêuticas endurecidas, de cunho protocolar, não raro apoiadas em modelos de interação e condicionamento pré-fabricados, a promoverem o treinamento de competências e afetos sem compromisso aparente com quem busca tratamento, mas com a obediência estéril às regras de ajustamento social. Não há preocupação efetiva no que tange à constituição de uma escuta singular — partindo-se da premissa de que o saber está no usuário que procura ajuda, e não no especialista — e à mobilização para a mudança de posição subjetiva.

É muito possível ainda que a valorização da terapêutica da internação derive do modelo histórico de assistência instituído para acolher dependentes químicos brasileiros em décadas anteriores, cujo caráter era de cunho hospitalocêntrico.

Os primeiros serviços extra-hospitalares especializados no atendimento aos usuários de drogas ilícitas começaram a ser criados somente na segunda metade da década de 1980, ainda de forma pontual e portanto

---

*Sobre esta questão, consultar o excelente trabalho de Douglas Casarotto de Oliveira, 2009.

muito distante de efetivamente apresentarem-se como um recurso alternativo à internação (Conte, 2003).

A expansão das Comunidades Terapêuticas (instituições fechadas) na década de 1990 está proximamente atrelada à lacuna assistencial do setor público de saúde, tanto em termos numéricos quanto em relação a proposições que congregassem programas intensivos e comunitários, o que certamente limitou em muito a possibilidade de escolha por parte do usuário.

Foi apenas a partir do ano 2000 que as atenções no âmbito político-institucional se voltaram para a necessidade de desenvolvimento e investimentos em recursos múltiplos e diferenciados, segundo modelo psicossocial sustentado por uma rede integrada e articulada:

> Situada no contexto da Reforma Psiquiátrica, a Atenção Psicossocial tem como proposta compreender a determinação psíquica e sociocultural do processo saúde-doença-saúde. Consideram os conflitos e contradições constitutivas dos sujeitos e intervêm na organização das relações intrainstitucionais, horizontalizando as ações e valorizando a equipe multidisciplinar. Trabalha para a desconstrução da ideia de instituição como clausura, permitindo uma relação exterior. Tem também como princípio a execução de ações éticas e terapêuticas, baseadas na recuperação dos direitos de cidadania e do poder de contratualidade social (Costa-Rosa, *op. cit., apud* Moraes, 2005: 50).

Pelo mais recente modelo de atenção, o que ganha relevo é a figura do cidadão portador de direitos, incluindo o direito à saúde. Há também ênfase na transformação e melhor qualificação no modo de se trabalhar no âmbito dos cuidados, da atenção e da gestão. O foco desprende-se da doença e da hegemonia da técnica — inclui-se aqui a crítica à figura do especialista — para a valorização da participação ativa e da corresponsabilização do indivíduo no processo de promoção de saúde. Assume-se uma postura ética em defesa da vida.

A atenção passa a ser integral (e portanto não fragmentada, atomizada) e apoiada no reconhecimento das singularidades e respeito à alteridade como fundamento do humano.

Contudo, tanto no discurso quanto nas práticas, algumas contradições permanecem, entre elas a manutenção da concepção do usuário como doente (modelo médico) e, no campo jurídico, a sua criminalização.

Quanto aos serviços que passam a integrar oficialmente a rede de atenção, contamos com: "unidades básicas de saúde, ambulatórios, Centros de Atenção Psicossocial Álcool e Drogas (CAPS AD), comunidades terapêuticas, grupos de autoajuda, hospitais gerais e psiquiátricos, hospital-dia, serviços de emergência, corpo de bombeiros, clínicas especializadas, casas de apoio e convivência e moradias assistidas" (Alves, 2009: 2.316).

Embora a rede tenha sido concebida para abarcar níveis de atenção e dispositivos com diferentes graus de complexidade, os CAPS AD são preconizados como referência para as principais articulações e intervenções. No entanto, não se desconsidera a necessidade de trânsito facilitado e parcerias dos CAPS AD com outras equipes, serviços e secretarias governamentais (de acordo com o tipo de necessidade, de cuidados e segundo as várias dimensões que o consumo comporta):

> Segundo a Política do Ministério da Saúde para a Atenção Integral aos Usuários de Álcool e Outras Drogas (Brasil, 2004), os CAPS AD devem oferecer um projeto terapêutico individualizado, que contemple as necessidades específicas de cada um, sem perder a visão da comunidade. Devem propiciar ainda a atenção ambulatorial diária que contemple desde o atendimento individual, seja medicamentoso, psicoterápico ou de orientação, até os atendimentos em grupo, tais como as oficinas terapêuticas e visitas domiciliares. Este deve manter-se como o ordenador e regulador da atenção, mesmo considerando a atenção básica como uma porta de entrada necessária e importante para o sistema de saúde mental (Rameh-de-Albuquerque, 2008: 34).

Ainda segundo o Ministério da Saúde, a política de atenção aos usuários de álcool e outras drogas necessita de uma rede que articule os CAPS AD e os leitos para internação em hospitais gerais, principalmente para desintoxicação. Estes serviços devem trabalhar com a lógica da redução de danos como eixo central do atendimento aos usuários/dependentes de álcool e outras drogas (Rameh-de-Albuquerque, 2008: 34).

O dia a dia das equipes e dos usuários dos serviços traz à discussão uma série de obstáculos e dificuldades, incluindo a falta de vagas para internação (quando necessário), barreiras de acesso aos programas disponíveis, baixa oferta de residências terapêuticas (locais de habitação e convívio provisórios, indicados para aqueles que ainda necessitem de cuidados mais intensivos) e outros dispositivos institucionais nesse patamar de atenção e em outros de menor nível de intensidade e de cuidados. Verifica-se também precário investimento nas equipes profissionais (ausência de supervisão, de oportunidades de reflexão crítica sobre o trabalho, baixa remuneração) e despreparo da atenção básica — porta de entrada — em absorver e encaminhar adequadamente as demandas. Os esforços se concentram em demasia na capacidade de acolhida dos CAPS AD, que se transformam em "pau pra toda obra", sofrendo grande sobrecarga.

É importante considerar que a questão não reside em interrogar a adequação do CAPS como modelo de atenção, mas reiterar a necessidade de dispositivos complementares a ele, segundo uma concreta perspectiva de rede. Isso incluiria esforços de desenvolvimento de iniciativas de aproximação ("outreach") visando àqueles que não têm acesso à rede especializada (a proposta governamental dos "consultórios de rua" aponta nessa direção), passando pela "costura" de parcerias com pontos de cultura, centros de convivência, de esportes e programas de geração de renda.

Com o progressivo reconhecimento do consumo abusivo de crack como um problema de relevância social, mais uma vez a discussão a respeito da insuficiência da rede de atenção ganhou força, assim como a necessidade de maior diálogo e trocas de experiências entre os implicados no campo em questão, sobretudo para o reconhecimento das iniciativas que vêm dando certo.

Um importante aspecto que demandará futuras investigações diz respeito aos *processos de tratamento* segundo experiências, perspectivas e aprendizados dos próprios usuários de crack.

Os achados dos estudos biomédicos tendem a ser mais numerosos e acabam servindo de base para a pesquisa das tendências e repercussões oriundas das relações de exclusividade com o crack. Esses estudos (Gossop e cols., 2003; Siegal e cols., 2002; Harocopos e cols., 2003; Siegal e Rapp, 2002; Buster e cols., 2009; Wechsberg e cols., 2007; Hser e cols., 2006; Falck e cols., 2007) já demonstram uma preocupação em expandir a compreensão do tema, mas esbarram em concepções e metodologias que avançam timidamente no aprofundamento da discussão a despeito de elementos bastante relevantes. Além disso, dentro de um amplo universo de levantamentos relacionados com o consumo de crack, apenas uma pequena parcela deles se destina a investigar indicadores — geralmente de curto prazo — relativos às experiências de atenção.

Os estudos mencionados ressaltam a complexidade dos processos de mudança correlatos ao consumo intensificado de crack, implicando, por vezes, continuidade do uso ao longo de vários anos, ou oscilações entre consumo regular e menor frequência/abstinência. Depreende-se daí que o crack não é invariavelmente incompatível com a vida, ou seja, não redunda inequivocamente em morte ou em grave comprometimento para quem segue consumindo a droga. O grau de envolvimento e de agravamento da relação com a substância varia sensivelmente e só pode ser avaliado de indivíduo para indivíduo. Pode-se dizer que o crack — por si só — não determina nada, mesmo sendo uma substância considerada bastante potente.

Sendo assim, até mesmo com relação a essa droga, não é razoável nos atermos a padrões rígidos, uma vez que eles não refletem a diversidade e mobilidade — alternâncias nos modos de consumo — passíveis de serem encontradas, incluindo expedientes de uso controlado e continuado (German e Sterk, 2002; Oliveira e Nappo, 2008; Silva, 2000; Ribeiro, Sanchez e Nappo, 2010).

Diferentemente do que se costuma pensar, também o crack figura como uma substância que comporta uma série de usos possíveis.

As transições entre intensidades de consumo podem estar estreitamente relacionadas com os modos de vida dos indivíduos. Nesse caso, o foco se desloca da droga e sua ação bioquímica, para uma maior atenção a como esses usuários estão vivendo. Procura-se apreender afetos, eventos do cotidiano e do funcionamento subjetivo que motivam, fortalecem o uso ou contribuem para o enfraquecimento da relação com a substância.

Ainda com relação aos estudos citados anteriormente, observamos uma ênfase na influência das sucessivas experiências de tratamento tanto na alteração dos padrões de consumo, quanto na propensão à busca e adesão a episódios futuros, além da necessidade de continuidade da atenção, pressupondo melhoria da qualidade dos programas disponíveis (grande desafio!).

Nessas investigações, entretanto, os processos de assistência especializada são deficientemente descritos e quase invariavelmente apresentados como se fossem "procedimentos padronizados", independentemente do contexto, da clientela, de equipes de profissionais e concepções acerca do trabalho e das intervenções.

Poderíamos nos perguntar se nos levantamentos que investigam os efeitos de programas de acolhida e atenção não estaríamos desconsiderando o principal: a importância de melhor apresentarmos e discutirmos as estratégias de cuidado, suas premissas, as relações entre os profissionais, os vínculos estabelecidos com os usuários e os impasses e avanços obtidos. Seria relevante também nos indagarmos sobre as implicações de o critério de interrupção do consumo (índice de "resultado de tratamento") figurar como parâmetro central nos processos de atenção especializados. Quais elementos e conquistas podem também conferir legitimidade a essas experiências, para além da questão da abstinência? Do ponto de vista dos usuários, quais os aprendizados construídos nesses processos? Por que não partirmos de suas próprias preocupações em saúde e percepções de risco? Será que a busca precoce pelo "desligamento da droga" não figuraria como um fator de seletividade (e exclusão)? Não poderíamos supor a existência de planos de organização que regulamentam as relações terapêuticas, restringindo os movimentos e aprisionando os afetos? Reposicionar-se em relação a uma necessidade imperiosa de consumo do crack não seria efeito de uma série de acontecimentos disparados por um conjunto de experiências e aprendizados (podendo estar inclusos os processos de reflexão empenhados nos espaços de tratamento)? Mas, sendo tal reposicionamento uma resultante, como poderia estabelecer-se logo de partida? Não seria esta uma inversão da lógica?

Em face do exposto, já é possível questionarmos propostas de assistência de alta exigência que preconizam a adoção de padrões de abstinência como linha mestra ou meta principal do percurso de tratamento. Os acompanhamentos reunindo usuários de crack destacam as sutilezas dos processos de mudança e de sucessiva autonomia em relação à droga, indicando que estes não se realizam a "toque de caixa" e nem "por decreto". É verificado que, para uma boa parcela dos usuários, padrões de abstinência mais consistentes levam alguns anos para se estabelecer (Falck, 2007; Dias e cols., 2011) e podem, portanto, não se sustentar imediatamente após a alta de um episódio de tratamento (Casarotto, 2009).

CAPÍTULO 5 Droga e exclusão

Crack e descarte

Não raro, observamos, em determinados debates públicos, posicionamentos que situam o crack (e seus efeitos psicoativos) como uma espécie de agente responsável pelas mais variadas formas de disparidades sociais, tal qual um vilão dos tempos atuais. Entretanto, não nos parece que esse seja um caminho possível e coerente para pensar a droga. Percorrendo outra direção, mas sem pretender esgotar o entendimento do tema, enveredamo-nos por um recorte, um fragmento de reflexão.

Droga considerada "suja", "impura", por não ter sido submetida ao processo de refino, o crack personifica — melhor dizendo, encarna — o que é da ordem do "resto", do rebotalho. Aqueles que conhecem a droga relatam que sua parte mais apreciada é justamente a "sobra", a borra que permanece ao fim do processo de aquecimento. Crack e descarte — com base nesta associação, é possível propor uma reflexão social e política a respeito da condição de seu usuário.

Raupp e Adorno (2010) retratam — em registro de campo de pesquisa — uma cena presenciada no momento da intervenção que realizavam com usuários de crack na região do centro de São Paulo:

> Passando pela Helvetia, atravessamos a rua para dar insumos a jovens sentadas no chão em uma esquina, em meio a sacos de lixo exalando um odor muito forte. Elas fumam sentadas junto ao lixo, parecendo não se importar com isso. Penso porque não atravessam a rua para, pelo menos, se afastar um pouco da sujeira.

A sujeira e o odor que pareciam incomodar os pesquisadores compuseram uma cena que tornou quase indiscerníveis as jovens usuárias e o lixo. Bauman (2005), no livro *Vidas desperdiçadas*, discorre sobre a vida moderna e seu consequente efeito colateral: a liberação de "quantidades enormes e crescentes de seres humanos destituídos de formas e meios de sobrevivência". Esses verdadeiros consumidores inaptos para o jogo do consumo passam a não ser mais necessários.

O autor detém-se no vocábulo "redundante" e o aproxima daquilo que se repete, que se torna "extranumerário". O que é extranumerário pode ser dispensado, tal qual uma seringa usada ou uma roupa que não serve mais. É assim que ele se refere às "baixas", aos refugos do progresso (cujo destino é o "depósito de dejetos e o monte de lixo"): pessoas tornadas redundantes, "sem-teto sociais", cujo propósito e valor da existência se perderam, não havendo — aparentemente — o que justifique a reivindicação pelo direito a existir:

> No carro do progresso, o número de assentos e de lugares em pé não é, em regra, suficiente para acomodar todos os passageiros potenciais, e a admissão sempre foi seletiva. Talvez por isso o sonho de se juntar a esta viagem fosse tão doce para tantos. O progresso era apregoado sob o slogan de mais felicidade para um número maior de pessoas. Mas talvez o progresso, marca registrada da era moderna, tivesse a ver, em última instância, com a necessidade de menos (e cada vez menos) pessoas para manter o movimento, acelerar e atingir o topo, o que antes exigiria uma massa bem maior para negociar, invadir e conquistar (Bauman, 2005: 24).

Aqueles que não puderam tomar assento no carro do progresso (ou ao menos viajar em pé!) tornaram-se produtos de descarte, "seres humanos refugados":

A produção de "refugo humano", ou, mais propriamente, de seres humanos refugados (os "excessivos" e "redundantes", ou seja, os que não puderam ou não quiseram ser reconhecidos ou obter permissão para ficar), é um produto inevitável da modernidade, e um acompanhante inseparável da modernidade. É um inescapável efeito colateral da construção da ordem (cada ordem define algumas parcelas da população como "deslocadas", "inaptas" ou "indesejáveis") e do progresso econômico (que não pode ocorrer sem degradar e desvalorizar os modos anteriormente efetivos de "ganhar a vida" e que, portanto, não consegue senão privar seus praticantes dos meios de subsistência) (Bauman, 2005: 12).

O que é marcado como dejeto, lixo — além de imprestável —, perde qualquer marca distintiva que lhe confira alguma singularidade. Para quem conhece um pouco da realidade das cracolândias e — não raro — observa certas medidas traçadas para dar conta da questão pode perceber que tais medidas tendem a seguir a mesma lógica da indiscriminação, em que todos (lixos) parecem padecer do mesmo estatuto de relação com a droga, supostamente possuem as mesmas necessidades e aspiram aos mesmos projetos. Portanto, seus destinos também merecem igual endereçamento (internação não consentida):

> O ato de destinar ao lixo põe fim a diferenças, individualidades, idiossincrasias. O refugo não precisa de distinções requintadas e matizes sutis (Bauman, 2005: 98).

Cracolândias e abandono social

> Todo lixo é em potencial venenoso — ou pelo menos, definido como lixo, está destinado a ser contagioso e perturbador da ordem adequada das coisas. Se reciclar não é mais lucrativo, e suas chances (ao menos no ambiente atual) não são mais realistas, a maneira certa de lidar com o lixo é acelerar a "biodegradação" e decomposição, ao mesmo tempo isolando-o, do modo mais seguro possível, do hábitat humano comum (Bauman, 2005: 108).

As regiões das cracolândias parecem cumprir a função dos territórios que foram um dia, na história humana, potenciais refúgios capazes de abrigar excessos populacionais, como o caso das colônias quando da era dos descobrimentos. Trata-se de verdadeiros "destinos naturais para a exportação de pessoas redundantes e aterros sanitários óbvios e prontos a serem utilizados para o despejo do refugo humano da modernização" (Bauman, 2005: 12).

Podemos tomar de empréstimo as colocações de Bauman (2005), referindo-se ao filósofo Agamben, e verificar que grande parte dos usuários de crack que integram os espaços da rua se assemelha a uma categoria bastante representativa da exclusão, designada de "homo sacer". Esta "principal categoria de refugo humano" provém do antigo direito romano e não se situa no âmbito da "jurisdição humana", tampouco no campo do divino. Por causa disso, segue totalmente desprovida de valor, numa espécie de não lugar. Sua desvalia e falta de relevo são tão pronunciadas que exterminar um "homo sacer" não é delito passível de punição.

Bauman, num exercício de transposição para a versão atual, situa o "homo sacer" como aquele que se encontra apartado de qualquer possibilidade de fazer valer seus direitos de cidadão e ser humano.

Entretanto, também é possível pensarmos na presença do crack nos cenários públicos da rua como uma brecha a tornar visível o que até então era cegueira e negrume social:

> Removemos os dejetos da maneira mais radical e efetiva: tornando-os invisíveis, por não olhá-los, e inimagináveis, por não pensarmos neles. Eles só nos preocupam quando as defesas elementares da rotina se rompem, e as preocupações falham — quando o isolamento confortável e soporífero de nosso *Lebenswelt*, que elas deveriam proteger, está em perigo (Bauman, 2005: 38).

Entendemos que a incômoda materialidade do consumo de crack — a céu aberto — traz à tona a concretude de outros fenômenos, que tradicionalmente convinham ser ocultados e empurrados para debaixo do "tapete social". "O crack", ao tornar-se tão escancaradamente público, "se faz ver", e é por intermédio de sua presença que os outros refugos, isto é, os descartes da cidade e da comunidade, se anunciam-denunciam-evidenciam: falamos dos modos de vida pauperizados, do circuito das ruas como morada, dos laços continuamente interrompidos, do cotidiano esvaziado pela estrita subsistência, da inacessibilidade dos espaços coletivos (clubes, parques, bibliotecas, centros esportivos).

Afora a diversidade de articulações possíveis, a produção de um estado de onipotência, pela ação do crack, pode efetuar-se como poderosa carapaça ou couraça protetora, fazendo frente e barragem ao desamparo e à inconsistência das formas atuais de laço e pertença social.

Como diria Patto (2000): "enquanto realizam como podem um desejo de poder" (seria uma estratégia de luta e resistência?), ao mesmo tempo "denunciam o mundo que os degrada".

Referências bibliográficas

ADIALA, J. "A criminalização dos entorpecentes". *Papéis Avulsos I*. Rio de Janeiro: Fundação Casa de Rui Barbosa, 1986.

ALBUQUERQUE, B.S. "Idade doida da pedra: configurações históricas e antropológicas do crack na contemporaneidade". In: SAPORI, L.F. e MEDEIROS, R. *Crack: um desafio social*. Belo Horizonte: PUC Minas, 2010.

ALVES, V.S. "Modelos de atenção à saúde de usuários de álcool e outras drogas: discursos políticos, saberes e práticas". *Cadernos de Saúde Pública*, 25(11), p. 2.309-319, 2009.

AZEVEDO, R.C.S.; BOTEGA, N.J.; e GUIMARÃES, L.A.M. "Crack users, sexual behavior and risk of HIV infection". *Revista Brasileira de Psiquiatria*, 29(1), p. 26-30, 2007.

BAUMAN, Z. *Vidas desperdiçadas*. Rio de Janeiro: Jorge Zahar, 2005.

BIRMAN, J. *Arquivos do mal-estar e da resistência*. Rio de Janeiro: Civilização Brasileira, 2006.

BRASIL. Ministério da Saúde. *Política do Ministério da saúde para atenção integral aos usuários de álcool e outras drogas*, 2. ed., 2004.

BRASIL. Casa Civil da Presidência da República. Lei n° 19.343 (nova lei sobre drogas). Brasília: Casa Civil: Subchefia para Assuntos Jurídicos, 2006.

BUSTER, M.C.A.; WITTEVEEN. E.; PRINS, M.; VAN AMEIJDEN, E.J.C.; SCHIPPERS, G., e KROL, A. "Transitions in drug use in a new generation of problem drug users in Amsterdam: a 6-year-follow-up study". *European Addiction Research*, 15, p. 179-187, 2009.

CARLINI, E.A.; GALDURÓZ, J.C.; NOTO, A.R.; e NAPPO, S.A. *I levantamento domiciliar sobre o uso de drogas psicotrópicas no Brasil: estudo envolvendo as 107 maiores cidades do país — 2001*. São Paulo: SENAD/CEBRID, 2002.

CARLINI, E.A.; GALDURÓZ. J.C.; NOTO, A.R.; CARLINI, C.M.; OLIVEIRA, L.G.; NAPPO, A.S.; MOURA, Y.G.; e SANCHEZ, Z.V.D.M. *II levantamento domiciliar sobre o uso de drogas psicotrópicas no Brasil: estudo envolvendo as 108 maiores cidades do país — 2005*. São Paulo: Páginas & Letras, 2007.

CARVALHO, H.B. e SEIBEL, S.D. "Crack cocaine use and its relationship with violence and HIV". *Clinics*, 64(9), p. 857-866, 2009.

CETLIN, G.S. "O tratamento ao usuário compulsivo de crack: fissuras no cotidiano profissional". In: SAPORI, L.F. e MEDEIROS, R. *Crack: um desafio social*. Belo Horizonte: PUC Minas, 2010.

CHESNAIS, J.C. "A violência no Brasil: causas e recomendações políticas para a sua prevenção". *Ciência & Saúde Coletiva*, 4(1), p. 53-69, 1999.

CONTE, M. *A Clínica Psicanalítica com Toxicômanos: o "corte & costura" no enquadre institucional*. Santa Cruz do Sul: EDUNISC, 2003.

REFERÊNCIAS BIBLIOGRÁFICAS

CONTE, M.; HENN, R.C.; OLIVEIRA, C.S. e Wolff, M.P. "Passes' e impasses: adolescência — drogas — lei". *Revista Latinoamericana de Psicopatologia Fundamental*, 11(4), p. 602-15, 2008.

COSTA DIAS, A.; RIBEIRO, M.; DUNN, J.; SESSO, R.; LARANJEIRA, R. "Follow-up study of crack cocaine users: situation of the patients after 2,5 and 12 years". *Substance Abuse*, 29(3), p. 971-70, 2008.

COSTA-ROSA, A. *et al.* "Atenção psicossocial: rumo a um novo paradigma na saúde mental coletiva". In: AMARANE, P. (org.) *Archivos de saúde mental e atenção psicossocial*. Rio de Janeiro: Nau Editora, 2003, p. 13-44.

COTRIM, B.C. "A prevenção ao uso indevido de drogas nas escolas". In: *Sudbrack*, M.F.O. (org.) *Prevenção ao uso indevido de drogas: diga sim à vida*. Brasília: CEAD/UNB — SENAD. 1999, p. 58-67.

DAKIS, C.A.; O'BRIEN, C.P. "Cocaine dependence: a disease of the brain's reward centers". *Journal of Substance Abuse Treatment*, 21, p. 111-117, 2001.

DEBORD, G. *A sociedade do espetáculo*: Rio de Janeiro: Contraponto Editora, 1997.

DIAS, A.C., ARAUJO, M.R.; DUNN, J.; SESSO, R.C.; CASTRO, V.; LARANJEIRA, R. "Mortality rate among crack dependent patients: a 12-year prospective cohort study conducted in Brazil". *Journal of Substance Abuse Treatment*, 41(3), p. 273-278, 2011.

DIAS, A.C.; ARAUJO, M.R.; LARANJEIRA, R. "Evolução do consumo de crack em coorte com história de tratamento". *Revista de Saúde Pública*, 45(5), p. 938-948, 2011.

DOMANICO, A. *"Craqueiros e cracados: bem-vindo ao mundo dos noias!"* Estudo para implementação de *estratégias de redução de danos para usuários de crack nos cinco projetos-piloto do Brasil.* Tese de Doutorado: Universidade Federal da Bahia. 2006.

DUNN, J.; LARANJEIRA, R.; SILVEIRA, D.X.; FORMIGONI, M.L.O.S. e FERRI, C.P. "Crack cocaine: an increase in use among patients attending clinics in São Paulo: 1990-1993". *Substance Use & Misuse*, 31, p. 519-27, 1996.

DUNN, J. e FERRI, C.P. "The price of crack in São Paulo, Brazil". *Addiction*, 93(2), p. 287-288, 1998.

DUNN, J. e LARANJEIRA, R.R. "Transitions in the route of cocaine administration-characteristics, direction and associated variables". *Addiction*, 94(6): p. 813-824, 1995.

ESCOHOTADO, A. *Historia de las drogas.* Madri: Alianza Editorial, 1995.

FALCK, R.S.; WANG, J. e CARLSON, R.G. "Crack cocaine trajectories among users in a Midwestern American city". *Addiction*, 102, p. 1.421-31, 2007.

FANTAUZZI, G.S. e AARÃO, B.F.C. "O advento do crack no contexto político brasileiro". In: SAPORI, L.F.; e MEDEIROS, R. *Crack: um desafio social.* Belo Horizonte: PUC Minas, 2010.

FERREIRA FILHO, O.F.; TURCHI, M.D.; LARANJEIRA, R. e CASTELO, A. "Perfil sócio-demográfico e de padrões de uso entre dependentes de cocaína hospitalizados". *Revista de Saúde Pública*, 37(6), p. 751-9, 2003.

FERRI, C.P.; LARANJEIRA, R.R.; DA SILVEIRA, D.X.; DUNN, J. e FORMIGONI, M.L.O.S. "Aumento da procura de tratamento por usuários de crack em dois ambulatórios na cidade de São Paulo, nos anos de 1990 a 1993". *Revista da Associação Médica Brasileira*, 43(1), p. 25-8, 1997.

REFERÊNCIAS BIBLIOGRÁFICAS

FERRI, C.P.; e GOSSOP, M. "Route of cocaine administration: patterns of use and problems among a brazilian sample". *Addictive Behaviors*, 24(6), p. 815-821, 1999.

FERRI, C.P.; GOSSOP, M.; RABE-HESKETH, S. e LARANJEIRA, R.R. "Differences in factors associated with first treatment entry and treatment re-entry among cocaine users". *Addiction*, 97, p. 825-32, 2002.

FISCHER, B.; REHM, J.; PATRA, J.; KALOUSEK, K.; HAYDON, E.; TYNDALL, M. e EL-GUEBALY, N. "Crack across Canadá: comparing crack users and crack non-users in a Canadian multi-city cohort of illicit opioid users". *Addiction*, 101, p. 1.760-70, 2006.

FREIRE COSTA, J. *O vestígio e a aura: corpo e consumismo na moral do espetáculo*. Rio de Janeiro: Garamond, 2004.

GERMAN, D.; STERK, C.E. "Looking beyond stereotypes: exploring variations among crack smokers". *J. Psychoactive Drugs*, 34(4), p. 313-392, 2002.

GOSSOP, M.; MARSDEN, J.; STEWART, D. e KIDD, T. "The national treatment outcome research study (NTORS): 4-5 year follow-up results". *Addiction*, 98, p. 291-303, 2003.

GOSSOP, M.; TRAKADA, K.; STEWART, D.; WITTON, J. "Reductions in criminal convictions after addiction treatment: 5-year follow-up". *Drug and Alcohol Dependence*, 79, p. 295-302, 2005.

GUIMARÃES, C.F.; SANTOS, D.V.V., FREITAS, R.C. e ARAÚJO, R.B. "Perfil do usuário de crack e fatores relacionados à criminalidade em unidade de internação para desintoxicação no Hospital Psiquiátrico São Pedro de Porto Alegre (RS)". *Revista de Psiquiatria do Rio Grande do Sul*, 30(2), p. 101-108, 2008.

GUINDALINI, C.; VALLADA, H.; BREEN, G. e LARANJEIRA, R. "Concurrent crack and powder cocaine users from São Paulo: do they represent a different group?" *BMC Public Health*; 6, p. 1-7, 2006.

HAASEN, C. e KRAUSZ, M. "Myths versus evidence with respect to cocaine and crack: learning from the US experience". *European Addiction Research*, 7, p. 159-160, 2001.

HARZKE, A.J. WILLIAMS, M.L. e BOWEN, A.M. "Binge use of crack cocaine and sexual risk behaviors among African-American, HIV positive users". *AIDS and Behavior*, 13, p. 1.106-1.118, 2004.

HAROCOPOS, A.; DENNIS, D.; TURNBULL, P.J., PARSONS, J. e HOUGH, M. *On the rocks: a follow-up study of crack users in London*. National treatment agency for substance misuse: Londres, 2003.

HOUGH, M.; MC SWEENEY, T. e TURNBULL, P. *Drugs and Crime: what are the links? Evidence to the Home Affairs Committee Inquiry into drug policy*. Londres: Drugscope, 2001.

HSER, Y.I.; STARK, M.E.; PAREDES, A.; HUANG, D.; ANGLIN, M.D. e RAWSON, R. "A 12-year follow-up of a treated cocaine-dependent sample". *Journal of Substance Abuse Treatment*; 30, p. 219-226, 2006.

HUBBARD, R.L.; CRADDOCK, S.G.; e ANDERSON, J. "Overview of 5-year followup outcomes in the drug abuse treatment outcome studies". *Journal of Substance Abuse Treatment*, 25, p. 125-134.

INCIARDI, J.A. "Crack cocaine in the Americas". In: MONTEIRO, M.G. e INCIARDI, J.A. *Brazil-United States Binational Research*, São Paulo: Cebrid, 1993.

KEHL, M.R. *Sobre ética e psicanálise*. São Paulo: Companhia das Letras, 2002.

REFERÊNCIAS BIBLIOGRÁFICAS

MALTA, M.; MONTEIRO, S.; LIMA, R.M.J.; BAUKEN, S.; MARCO, A.; ZUIM, G.C.; et al.; "HIV/AIDS risk among female sex workers who use crack in Southern Brazil". *Revista de Saúde Pública*, 42(5), p. 830-7, 2008.

MELMAN, C. *Alcoolismo, delinquência e toxicomania: uma outra forma de gozar*. São Paulo: Escuta, 2. ed., 2000.

MINGARDI, G. "A trajetória vertiginosa do crack". *Scientific American Brasil*, 38, p. 36-43, 2010.

MORAES, M.M. *O modelo de atenção integral à saúde para tratamento de problemas decorrentes do uso de álcool e outras drogas: percepções de usuários, acompanhantes e profissionais*. Dissertação de mestrado. Fundação Oswaldo Cruz, 2005.

MORAES, M.M. "O modelo de atenção integral à saúde para tratamento de problemas decorrentes do uso de álcool e outras drogas: percepções de usuários, acompanhantes e profissionais". *Ciência e Saúde Coletiva*, 13(1), p. 121-33, 2008.

MORAIS, P.C.C. *Drogas e políticas públicas*. Tese de doutorado em Sociologia e Política. UFMG, 2005.

NAPPO, S.A.; GALDURÓZ, J.C.F.; NOTO, A.R. "Uso do crack em São Paulo: fenômeno emergente?". *Revista da Associação Brasileira de Psiquiatria — APAL*, 16, p. 75-83, 1994.

NAPPO, S.A., GALDURÓZ, J.C.F. e NOTO, A.R. "Crack use in São Paulo". *Substance Use & Misuse*, 31, p. 565-79, 1996.

NAPPO, S.A.; SANCHEZ, Z.V.D.M.; OLIVEIRA, L.G.; SANTOS, S.A.; CORADETE JUNIOR, J.; PACCA, J.C.B. e LACKS, V. "Comportamento de risco de mulheres usuárias de crack em relação às DST/AIDS". São

Paulo: Centro Brasileiro de Informações sobre Drogas Psicotrópicas (CEBRID), 2004.

NAPPO, A.S.; OLIVEIRA, L.G.; SANCHEZ, Z.V.M. e MOURA, I.G. "O crack em São Paulo, 20 anos depois". *Scientific American Brasil*, 38, p. 32-35, 2010.

NATIONAL INSTITUTE ON DRUG ABUSE (NIDA). "Cocaine: Abuse and Addiction". *U.S. Department of Health and Human Services*, p. 1-8, 2009.

NOTO, A.R.; GALDURÓZ, J.C.; NAPPO, S.A., FONSECA, A.M., CARLINI, C.M.A., MOURA, Y.G., et al. *Levantamento nacional sobre uso de drogas entre crianças e adolescentes em situação de rua nas 27 capitais brasileiras — 2003*. São Paulo: SENAD/CEBRID, 2003.

NUNES, C.L.X.; ANDRADE, T.; GALVÃO-CASTRO, B., BASTOS, F.I. e REINGOLD, A. "Assessing risk behaviors and prevalence of sexually transmitted and blood-borne infections among female crack-cocaine users in Salvador — Bahia, Brazil". *The Brazilian Journal of Infectious Diseases*, 11(6), p. 561-66, 2007.

OLIVEIRA, D.C. *Uma genealogia do jovem usuário de crack: mídia, justiça, saúde, educação*. Dissertação de mestrado em Educação: Universidade Federal de Santa Maria, 2009.

OLIVEIRA, L.G.; e NAPPO, S.A. "Crack na cidade de São Paulo: acessibilidade, estratégias de mercado e formas de uso". *Revista de Psiquiatria Clínica*, 35(6), p. 212-8, 2008.

PACHECO FILHO, R.A. "Drogas: um mal-estar na cultura contemporânea". *Psicanálise e Universidade*, 9(10), p. 119-147, 1999.

PAIXÃO, A.L. "Problemas sociais, políticas públicas". In: Zaluar, A. (org.) *Drogas e cidadania: repressão ou redução dos riscos?* São Paulo: Brasiliense, 1990.

REFERÊNCIAS BIBLIOGRÁFICAS

PASSOS, A.D.C.; FIGUEIREDO, J.F.C.; MARTINELLI, A.L.C.; VILLANOVA, M.G.; NASCIMENTO, M.P.; GASPAR, A.M.C. e YOSHIDA, C.F.T. "Hepatitis B among female sex workers in Ribeirão Preto — São Paulo, Brasil". *Revista Brasileira de Epidemiologia*, 10(4), p. 517-524, 2007.

PATTO, M.H.S. *Mutações do cativeiro: escritos de psicologia e política*. São Paulo: Hacker /EDUSP, 2000.

PECHANSKY, F., KESSLER, F.H.P., DIEMEN, L.V., BUMAQUIN, D.B.; SURRATT, H.L.; INCIARDI, J.A. "Brazilian female crack users show elevated serum aluminum levels". *Revista Brasileira de Psiquiatria*, 29(1), p. 39-42, 2007.

PERNAMBUCO FILHO, P.; e BOTELHO, A. *Vícios sociais elegantes*. Rio de Janeiro: Livraria Francisco Alves, 1924.

RAMEH-DE-ALBUQUERQUE, R.C. *Casos do meio do caminho: um relato da experiência de Recife na busca da atenção integral à saúde dos usuários de álcool, fumo e outras drogas*. Dissertação de mestrado em saúde pública: Fundação Osvaldo Cruz, 2008.

RAUPP, L.; e ADORNO, R.C.F. "Uso de crack na cidade de São Paulo/Brasil". *Revista Toxicodependências*, 16(2), p. 29-37, 2010.

REUTER, P.; KLEIMAN, A.R. "Risks and prices: an economic analysis of drug enforcement". In: TONRY, M.; e MORRIS, N. *Crime and Justice*. Chicago e Londres: The University of Chicago Press, 1986.

RIBEIRO, L.A.; SANCHEZ, Z.M.; e NAPPO, S.A. "Estratégias desenvolvidas por usuários de crack para lidar com os riscos decorrentes do consumo da droga". *Jornal Brasileiro de Psiquiatria*, 59(3), p. 210-218, 2010.

RIBEIRO, M.M.; ARAÚJO, M.R. "Política mundial de drogas ilícitas: uma reflexão histórica". In: SILVEIRA, D.X.; e MOREIRA, F.G. (orgs.) *Panorama atual de drogas e dependências*. São Paulo: Atheneu, p. 457-68, 2006.

RODRIGUES, T. *Política e drogas nas Américas*. São Paulo: EDUC, 2004.

SANCHEZ, Z.V.D.M.; e NAPPO, S.A. "Sequência de drogas consumidas por usuários de crack e fatores interferentes". *Revista de Saúde Pública*, 36(4), p. 420-430, 2002.

SANTIAGO, J. *A droga do toxicômano: uma parceria cínica na era da ciência*. Rio de Janeiro: Jorge Zahar, 2001.

SAPORI, L.F.; SENA, L.L.; e SILVA, B.F.A. "A relação entre o comércio do crack e a violência urbana na região metropolitana de Belo Horizonte". In: SAPORI, L.F. e MEDEIROS, R. *Crack: um desafio social*. Belo Horizonte: PUC Minas, 2010.

SEDDON, T. "Explaining the drug-crime link: theoretical, policy and research issues". *Journal Social Policy*; 29 (1), p. 95-107.

SIEGAL H.A.; FALCK R.S.; WANG J.; CARLSON R.G. "Predictors of drug abuse treatment entry among crack-cocaine smokers". *Drug and Alcohol Dependence*, 68, p. 159-166, 2002.

SIEGAL, H.A.; LI, L.; RAPP, R.C. "Abstinence trajectories among treated crack cocaine users". *Addictive Behaviors*, 27, p. 437-449, 2002.

SILVA, J.; BRANDS B.; ADLAF, E.; GIESBRECHT, N.; SIMICH, L. e Wright, M.G.M. "Familiares e pessoas conhecidas de usuários de drogas ilícitas: recorte de opiniões sobre leis e políticas públicas de uma comunidade da Zona Oeste do Rio de Janeiro, Brasil". *Revista Latino-americana de Enfermagem*. 17(Esp.), p. 803-9, 2009.

SILVA, S.L. *Mulheres na Luz: uma etnografia dos usos e preservação no uso do crack*. Dissertação de mestrado. Universidade de São Paulo, 2000.

SIMPSON, D.D.; JOE, G.W.; BROOME, K.M. "A national 5-year follow-up of treatment outcomes for cocaine dependence". *Archives of General Psychiatry*, 59, p. 539-544.

SONTAG, S. *Doença como metáfora: AIDS e suas metáforas*. São Paulo: Companhia das Letras. 2007.

TURCKE, C. *Sociedade excitada: filosofia da sensação*. Campinas: Unicamp, 2010.

UCHÔA, M.A. *Crack: o caminho das pedras*. São Paulo: Ática, 1996.

VELHO, G. "A dimensão cultural e política dos mundos das drogas". In: ZALUAR, A. (org.) *Drogas e cidadania: repressão ou redução de riscos*. São Paulo: Brasiliense, 1994.

VON DIEMEN, L.; DE BONI, R.; KESSLER, F.; BENZANO, D.; PECHANSKY, F. "Risk behaviors for HCV — and HIV — seroprevalence among female crack users in Porto Alegre, Brasil". *Archives of Women's Mental Health*, 13: 185-189, 2010.

WECHSBERG, W.M.; ZULE, W.A.; RIEHMAN, K.S.; LUSENO, W.K.; e LAM, W.K.K. "African-american crack abusers and drug treatment initiation: barriers and effects of a pretreatment intervention". *Substance Abuse Treatment, Prevention, and Policy*, 2, p. 1-10, 2007.

ZENI, T.C. e ARAUJO, R.B. O relaxamento respiratório no manejo do craving e dos sintomas de ansiedade em dependentes de crack". *Revista de Psiquiatria do Rio Grande do Sul*, 31(2), p. 116-119, 2009.

*O texto deste livro foi composto em Sabon,
desenho tipográfico de Jan Tschichold de 1964
baseado nos estudos de Claude Garamond e
Jacques Sabon no século XVI, em corpo 11/16.
Para títulos e destaques, foi utilizada a tipografia
Frutiger, desenhada por Adrian Frutiger em 1975.*

*A impressão se deu sobre papel off-white
pelo Sistema Cameron da Divisão Gráfica
da Distribuidora Record.*